TÓPICOS SELECTOS DE LA ADMINISTRACIÓN Y DE LA GESTIÓN EMPRESARIAL

ÁREA ECONÓMICO ADMINISTRATIVO DEL INSTITUTO TECNOLÓGICO DE BOCA DEL RÍO / TECNM.

TOPICOS SELECTOS DE LA ADMNISTRACIÓN Y LA GESTIÓN EMPRESARIAL

AUTORES

FIDEL RODRÍGUEZ ESLAVA, LUZ ELENA BARRIENTOS, NELLY POTENCIANO PÉREZ, AYARI YUTZYLL CORTES CORDOVA, ALONDRA REYES HERRERA, ZANDRA ELIZABETH FRANCO CRUZ, CÉSAR AUGUSTO SEVERINO PARRA, MARÍA DE JESÚS CECILIA RAMÓN VILA, KELLY VILLAGRÁN CARVAJAL, ABIGAIL MEJIA ESPÍNOZA, MANUEL VIVANCO CORONA, VERONICA USCANGA HERNÁNDEZ, YADIRA SALAZAR VARGAS, ÁNGEL RENE ZAMUDIO PRIETO, ARNOLD ALBERTO ZAPATA, EVELYN SALGADO MORALES, SAUL BENJAMIN ANDRADE HERNÁNDEZ, DALIA SOFÍA GÁMBOA ORTÍZ, JEARIM FABRE PULIDO, ISIDRA IRENE LARRAÑAGA JAUREGUI, GUADALUPE SANDRA GONZÁLEZ SEGOVIANO, MARCELINO MALDONADO BELTRAN, ALBA MERCADO HERRERA, JORGE SAMUEL BERDÓN CARRASCO.

MAQUETADOR EDITORIAL
CÉSAR AUGUSTO SEVERINO PARRA.

CORRECTOR DE TEXTOS
EVELYN SALGADO MORALES.

DISEÑADOR DE PORTADA
SAUL BENJAMIN ANDRADE HDEZ.

RESPONSABLES DE ARBITRAJE
EVELYN SALGADO MORALES
CÉSAR AUGUSTO SEVERINO PARRA.

EDITA: César Augusto Severino Parra.
Laguna Chica Oeste No. 37 Lagos de Puente Moreno. CP 94274.
Primera Edición. Medellín, Veracruz México.
No. De Ejemplares:30
Fecha de publicación: 25 de Mayo de 2021
ISBN: 9798509681950

979-8509681950

INDICE

INTRODUCCIÓN

La administración no es un tema exclusivo para los profesionistas de la carrera de Administración de Empresas, prácticamente todas las personas, con o sin profesión, son administradores en sus vidas cotidianas. Administran su dinero, su tiempo, planean actividades, se organizan, se integran con otras personas, controlan sus recursos, en fin, utilizan la administración para ser más eficientes y alcanzar con esto sus diversos objetivos y lo hacen de manera natural que ni cuenta se dan.

Este libro es elaborado y presentado por Catedráticos del área Económico Administrativo y de estudiantes de las carreras de Administración de Empresas e Ingeniería en Gestión Empresarial del Instituto Tecnológico de Boca del Río del TECNM, y en él se presentan algunos temas relacionados con dichas carreras, y en su conjunto serán de mucha utilidad para el lector, ya que le proveerá de información que podrán otorgarle herramientas para ser mejores administradores en sus vidas personal y profesional, formando con esto, mejores profesionistas.

En palabras de Robert Chambers "Los libros son el bendito cloroformo de la mente", pues bien, sin mayor preámbulo, te dejamos este en tus manos, deseando que obtengas de él el mayor de los provechos.

EL ÉXITO COMIENZA EN LA ADMINISTRACIÓN DEL TIEMPO

Todos sabemos o debemos de saber que el tiempo es y siempre ha sido uno de los recursos más apreciados. Sin embargo, se trata de un bien que no se puede ahorrar, sino que pasa, no retrocede y es imposible de recuperar. Si se malgasta, se derrocha algo muy valioso. Solamente, aquellas cosas a las que realmente les dedicas tiempo, son las que terminan dándote resultados.

Pero, ¿Qué es administrar el tiempo?, el administrar el tiempo se puede definir como una manera de ser y una forma de vivir. Hoy, se puede considerar al tiempo como uno de los recursos más importantes y críticos para los administradores.

Para aprender a valorar el tiempo y a planificar el estudio y el trabajo, tanto a corto como a medio y largo plazo, es imprescindible Identificar las metas, los objetivos y las prioridades que debemos hacer con nuestros deberes y obligaciones. Planificar el tiempo siempre será la mejor manera para conocer el ciclo vital de trabajo y seleccionar las estrategias más idóneas para alcanzar las metas y los objetivos, con el fin de lograr habilidades suficientes en la administración de nuestro tiempo que sirvan tanto en la vida académica como en la vida profesional.

Hay que tener en cuenta que el rendimiento de cada persona es diferente y varía a lo largo del tiempo. Para hablar de incrementar la productividad es pertinente tomar en cuenta dos elementos: la eficiencia y la eficacia; es decir, el tiempo y la calidad.

Bruce Lee, dijo alguna vez que *"todos tenemos tiempo para aprovechar o para perder, y es nuestra decisión que es lo que hacemos por él"*. Cada uno de nosotros tiene 24 horas al día para realizar actividades, siempre realizamos diferentes cosas de diferente manera.

Es importante recordar que la administración del tiempo es esencialmente un esfuerzo de grupo que requiere la coordinación de actividades, el ayudarse unos a otros, la sincronización conjunta de esfuerzos para asegurar los resultados esperados.

Está comprobado y es un principio fundamental para el manejo del tiempo, que toda hora empleada en planear eficazmente ahorra de tres a cuatro horas de ejecución y produce mejores resultados. Aunque el tiempo rara vez se utiliza exactamente como se planea. Pero se debe procurar, dentro de lo posible, respetar las actividades y compromisos establecidos. Teniendo en cuenta que los resultados más efectivos se logran teniendo objetivos y programas planeados, más que por la pura casualidad.

Administrar el tiempo eficazmente, es un "Don", que se puede desarrollar por la mayoría de las personas que se lo propongan.

Si dos personas se dedicaran a lo mismo y se les asignaran las mismas tareas; cada persona la desarrollaría en función a su experiencia en administrar el tiempo productivamente y, por lo tanto, el resultado será más o menos eficaz y eficiente.

Todo el mundo pierde el tiempo, es parte del ser humano. Cierto tiempo perdido puede ser constructivo porque ayuda a relajarte o a reducir la tensión, sin embargo, a veces esto puede ser algo frustrante, especialmente cuando se pierde el tiempo por hacer algo menos importante de lo que se podría estar haciendo. Perder el tiempo es uno de los grandes enemigos de la eficiencia y en una era digital, es inevitable tener redes sociales que revisar, pero si podemos decidir en qué momento hacerlo y cuánto tiempo les invertimos, no es casualidad que existan aplicaciones que bloqueen el uso de las redes sociales por cierto tiempo para poder realizar otras actividades y evitar ser esclavos de estas.

Dar prioridad a las actividades, permite ordenarlas considerando diversos elementos, como son: las horas en las que usted es más productivo, el tiempo en el que tenga que entregar el trabajo, lo que requiere más tiempo para realizarse e incluso aquello en lo que usted necesita ayuda.

Unas cuantas recomendaciones es que, en caso de comenzar el día con un contratiempo, lo primero que recomienda es que te detengas, cuentes hasta cinco y ordenes tus ideas. Si estás sentado en tu mesa de trabajo, procura ordenarla, no tengas demasiadas cosas amontonadas a la vista eso te agobiarían más todavía.

Aprender a manejar el tiempo con las consideraciones descritas, permite alcanzar metas fijas, como:

- Incrementar la productividad
- Utilizar el orden
- Generar una organización para volverse productivo y propositivo, dentro y fuera de la organización.

Es necesario que nunca olvidemos nuestros objetivos, pues si no los tenemos claros, somos fácilmente manejables por cualquier evento que se presente, en cambio, si no los descuidamos siempre sabremos hacia dónde dirigirnos.

LA INTELIGENCIA EMOCIONAL EN EL LIDERAZGO ACTUAL

Históricamente la humanidad siempre ha necesitado de líderes, desde la época de las cavernas "alguien" tenía que dar el primer paso o porque no decirlo "alguien ordenaba quien tenía que dar el primer paso", es así como podemos observar que desde nuestros inicios han existido: líderes de caza, matriarcas, patriarcas y diferentes tipos de guías o jefes, en donde podemos identificar la presencia y evolución del liderazgo a lo largo del tiempo.

¿Pero... qué es el liderazgo?

Chiavenato en su libro Comportamiento Organizacional, nos dice: "es la influencia interpersonal ejercida en una situación, dirigida a través del proceso de comunicación humana a la consecución de uno o diversos objetivos específicos" (Chiavenato, 2004).

Por otro lado, Robbins y Coulter (2000), opinan que es: "la capacidad de influir sobre un grupo afín de encauzarlo hacia el logro de sus metas", también nos dicen: "personas que tiene la capacidad de influir en otros y que poseen autoridad administrativa".

Y, por último, Ivancevich nos menciona: "proceso de influir en otros para facilitar el logro de objetivos pertinentes para la organización" (Ivancevich, 2005, p. 492).

Estos conceptos nos ayudan a identificar que es un líder, sin embargo, es hasta finales del siglo XIX donde se inicia el estudio formal de las teorías del liderazgo, el líder en ese momento tenía características de control e intransigencia, lo cual permitió marcar la pauta para poder definir que es un líder, aunque de manera funcional ya existían desde mucho antes. Aunque, es a partir de principios del siglo XX que empezamos a identificar una verdadera evolución del líder, en donde deja de ser una persona que impone sus ideas a través de su mayor conocimiento o como en su momento lo fue a través de la fuerza, por alguien más complejo que puede ser identificado a través de diferentes teorías enfocadas en la personalidad humana, las cuales se centran en la forma de ser, de pensar y de sentir del líder. A mediados de siglo aparecieron las teorías de estilo y algunos años después las de contingencia, centradas las primeras en el estudio de los líderes y su relación directa con el personal, identificando las diferentes características que se adoptan para lograr los objetivos y las segundas centradas en la capacidad del líder para influir en su personal, considerando también la situación y los resultados obtenidos.

Posteriormente nacen las teorías de liderazgo, la cual identifica cuatro estilos de liderazgo: transaccional (analiza la relación el líder-seguidor mediante el uso de la acción-reacción), transformacional (Intenta elevar las de toda la empresa), carismático (aquel que apoya a que sus seguidores incrementen su autoestima), y visionario (casado con la visión empresarial y el anhelo de alcanzarla).

Algún tiempo después, nacen las teorías Post-carismáticas y Post-Transformacionales, que buscan un liderazgo compartido con todos los miembros del equipo que forman parte del sistema, apoyándose en la escuela del error, lo que genera organizaciones inteligentes. Así también, a finales de siglo nace el concepto de inteligencia emocional, el cual se define de la siguiente manera:

Según Mayer y Salovey (1997), puede definirse la inteligencia emocional como "la capacidad para percibir, valorar y expresar emociones con exactitud, la capacidad para acceder a sentimientos (o generarlos) que faciliten el pensamiento, la capacidad para comprender las emociones y el conocimiento emocional y la capacidad para regular las emociones promoviendo el crecimiento personal e intelectual".

Este concepto fue también introducido dentro de la teoría de las inteligencias múltiples de Gardner (1993). Para este autor existen ocho tipos de inteligencias diferenciadas en función del espacio cognitivo utilizado: inteligencia lógico-matemática, lingüística, corporal-kinestésica, espacial, musical, naturalista, intrapersonal e interpersonal. Estos dos últimos tipos de inteligencia son los que definirían también el significado de inteligencia emocional, por un lado, la inteligencia intrapersonal es la capacidad de percibirnos a nosotros mismos y dirigir nuestra propia vida mediante constructos como la autodisciplina, la autocomprensión, y la autoestima. A su vez, la inteligencia interpersonal sería la capacidad de percibir en las demás diferencias con relación a sus estados de ánimo, motivaciones o temperamento.

Y por último tomando como base estas conceptualizaciones previas, se llega a una de las definiciones de inteligencia emocional más aceptada, la desarrollada por Goleman (1996) "la capacidad de reconocer nuestros propios sentimientos y los de los demás, de motivarnos y de manejar adecuadamente las relaciones" que la divide en cinco componentes: autoconocimiento, autorregulación, automotivación, empatía y habilidades sociales.

Revisemos cada una de ellas.

Autoconocimiento: Debemos ser conscientes de nosotros mismos, identificar y analizar el comportamiento en el momento en que las emociones aparecen y como afectamos a las demás personas. Reaccionar de manera impulsiva ante algunas situaciones no esperadas o no agradables, no es lo correcto, siempre debemos saber cómo actuar ante ellas, por ello el autoconocimiento personal es fundamental para el manejo positivo de las emociones, pero sobre todo hacerlas trabajar en nuestro beneficio, logrando explotar al máximo las cualidades que poseemos en cualquier situación que se nos presente.

Conocerse a uno mismo incluso ayuda a analizar y entender de mejor manera, los sentimientos de los demás y salir airoso de diversas situaciones.

Autorregulación: Esta consiste en saber regular y controlar nuestros pensamientos, sentimientos y acciones para poder lograr metas. Aquellos estímulos que recibimos constantemente en nuestro entorno permitirán a nuestro equipo expresar sus sentimientos e ideas sin tener miedo a la reacción del líder debido a que su comportamiento siempre se mostrara calmado ante alguna situación de crisis, logrando reaccionar de manera apropiada, y eso genera en el futuro, confianza ante los demás. Un ejemplo de ello es que tal vez hoy al inicio del día, no están saliendo las cosas como se planeó o se esperaba, debido a diversas situaciones que se presentan y que fueron inevitables, si esto le sucede a una persona que no maneja sus emociones de frustración e ira, se verá reflejada en una acción tal como desquitarse con la primera persona que encuentre y eso generará un ambiente tenso dentro de su lugar de trabajo, pero una persona que se conoce e identifica sus emociones, es consciente de ello, entiende y trata de cambiar su comportamiento de manera positiva y sabe que la persona no tuvo la culpa de lo que ha pasado en el inicio del día y del comportamiento que se mostró.

Automotivación: En función de dónde procede el estímulo, la automotivación se genera de manera personal e interna y no por el entorno que le rodea, es decir por factores externos. Esta nace de una necesidad, un deseo o una meta que cumplir, nuevos desafíos, generando así impulsos que mueven a una persona a realizar ciertas acciones y persistir en ellas hasta el cumplimiento del objetivo establecido.

Por ello es importante que el líder este motivado antes de motivar a su personal ya que su estado de ánimo se verá reflejado y percibido, y de esto depende un agradable o desagradable ambiente de trabajo para lograr mejores resultados, más eficiencia y un compromiso mayor del personal.

Empatía: Es la capacidad que tiene alguien de ponerse en el lugar o situación de otra persona, significa tomar en cuenta las emociones y sentimientos de los demás para tomar decisiones correctas, esto permitirá que las personas se sientan bien a su alrededor, notarán que está abierto al cambio, le escucharán con atención y demostrarán un interés genuino de aprender de él o ella tanto como se pueda, al final se reflejara una personalidad agradable y humana.

Habilidades sociales: Otra característica son las habilidades sociales las cuales son un conjunto de conductas aprendidas a lo largo de nuestra vida, que podemos demostrar cuando nos relacionamos con otras personas y a través del uso de ellas logramos mejoras en la relación con dichas personas con la finalidad de alcanzar ciertos objetivos de la mejor manera. Lo anterior se puede ejemplificar cuando un jefe se tomó un momento del día para saludar a su personal de manera habitual, o cuando nos damos cuenta que conoce nuestro trabajo, o se interesa por entablar una charla informal con la finalidad de conocernos un poco más, todo esto, sin lugar a dudas genera motivación y por ende existirá una buena comunicación.

De esta manera, se establece la forma como nos relacionamos con los demás, donde se busca obtener algo a cambio sin llegar a la manipulación, utilizando mucho la persuasión, eligiendo estrategias que ayuden alcanzar lo que se desea, por lo tanto, la persuasión es imprescindible cuando de lo que se trata es de liderar un equipo, por ello el líder debe hacer un buen uso de la capacidad de relacionarse y comunicarse, logrando marcar la diferencia entre su trabajo y el de cualquier otro.

Analizando los puntos anteriores, es interesante ver que la mayor parte del tiempo, un líder se enfrenta a diferentes casos o situaciones, consciente de que cada problemática tiene su propia naturaleza, el tener que jugar con todos los elementos que se presentan al tomar una decisión y el riesgo de que tal vez pueda o no funcionar y la influencia que esto pueda tener en su personal, de tal manera que si no se tiene el tacto para guiarlos a lo que se desea pueda resultar contraproducente, por eso es recomendable el manejo de inteligencia emocional, la cual si se sabe utilizar en el estilo de liderazgo permitirá reconocer las emociones, actitudes y comportamientos del personal, buscando mejorar las relaciones interpersonales y a su vez mejorando el ambiente laboral e impactar de manera positiva en el logro de los objetivos organizacionales.

Si bien es cierto que los estilos de liderazgo actuales están más centrados en la gente, entonces la inteligencia emocional puede ser una herramienta que ayude a entender a la gente, a ponerles atención, a verlos como personas y no como un puesto, que tienen situaciones personales y a entender el impacto de esas situaciones personales en su vida personal y sobre todo en su desarrollo personal.

Un ejemplo de ello podría ser, si a un colaborador le falleciera un familiar, resulta imposible pensar que rinda en el trabajo, el líder tiene la responsabilidad de estar al pendiente de ello, como se mencionaba anteriormente, tener empatía con su gente de lo que le está pasando, sin caer en el exceso, pero si tener la sensibilidad para apoyarlos sin dejar de lado los objetivos a cumplir dentro de la organización, el apoyo al colaborador debe de ser porque le interese la persona además de no permitir que se desatienda las actividades esenciales para cumplir los objetivos, es decir, si es necesario darle un descanso, si es necesario cambiarlo a un puesto, si es necesario pedir apoyo a un tercero, entre otras alternativas que pudieran ser de utilidad, al final el líder debe saber leer y detectar cuando un colaborador no está dando el cien por ciento y hablar con el, no hay mejor manera que utilizar la comunicación, porque a veces trabajamos con alguien pero no sabemos nada de esa persona, además nos permitirá alcanzar un equilibrio y no perder de vista lo realmente importante para la empresa.

Dentro de este grado de conocimiento de la inteligencia emocional en relación con nuestros colaboradores, también es importante identificar las características de cada uno de ellos, hay personas que no pueden trabajar o hacer algo bajo presión o estrés, a la hora de laborar no se le puede exigir demasiado y no se refiere a sacarlos de la zona de confort, sino de no exigir algo que no pueden realizar, llevará más tiempo de lo esperado y esto puede impactar en los resultados, hay personas muy capaces, muy responsables pero no tienen ciertas habilidades como ser creativo, o viceversa hay personas que son metódicas, o más operativas, por ello es importante identificar esas características del personal para evitar lastimarlos, o hacerlos sentir incomodos, ya lo dijo Albert Einstein "si juzgas a un pez por su habilidad para trepar árboles, pensará toda la vida que es un inútil", por lo tanto, si sabemos que una persona cuenta con conocimientos previos de acuerdo a su perfil profesional, se podrían aprovechar de manera más eficiente sus habilidades con la finalidad de que pueden servir a la empresa y a el objetivo deseado.

¿Por qué un líder exitoso debe ser inteligente emocionalmente?

Aquel líder que se destaca por manejar la inteligencia emocional muestra que dominan la situación, está en calma, demuestra que nunca pierde el control ante cualquier situación que se le presente, maneja las emociones de manera que no se deja llevar por el miedo, la ira, la frustración, el enojo y cualquier otro sentimiento o emoción que impacte y por lo tanto debe decidir darse el tiempo de analizar las consecuencias antes de tomar una decisión, pero sobre todo confía en sí mismo, y por lo tanto es independiente del resultado que se obtiene.

Hay que tomar en cuenta que ser líder requiere de tiempo, diálogo, excelente comunicación, ser empático con el grupo que le rodea y que dirige dentro de la organización.

Siempre se ha hablado que la diferencia entre un jefe y un líder es que este último guía e inspira y hasta enseña a su personal de tal manera que se sienten parte importante de la organización y además tiene la capacidad de preparar a la persona que algún día lo sustituirá.

De qué sirve que una persona tenga mil conocimientos sobre el mundo si al final no se conoce a sí mismo, el beneficio es que proporciona seguridad y mejora en muchos aspectos de la vida, gracias a que aprenderá a comunicarse y identificar cómo se siente y a controlar sus emociones sin herir a las personas que lo rodean.

Por ello es importante considerar que además de las características básicas que debe tener un líder, agregar la inteligencia emocional en su formación profesional es un punto realmente importante a desarrollar de la personalidad y de sus habilidades sociales ayudando a entender su mente, que será de gran utilidad en un futuro al gestionar las dificultades que pudieran presentarse en su vida cotidiana facilitando la resolución de cualquier tipo de conflicto y mejorando sus relaciones interpersonales.

EL LIDERAZGO

Y tú, ¿Eres jefe o líder?

Nos encontramos en una era en la cual pareciera que el ser líder es solo una moda, en donde muchos piensan que cualquiera puede serlo, pero ¿cómo saber quién verdaderamente lo es?, ¿es cierto que un líder es quien sabe cómo dejar un impacto positivo en la vida de las personas? O ¿tal vez un líder solo es quien se encarga de dar órdenes y asignar tareas a quienes están bajo su cargo?, bien, entonces hablemos de lo que es ser verdaderamente un líder…

Según la revista Forbes, un verdadero líder es quien posee las cualidades de tener visión, pasión, constancia y quien permanece en un proceso continuo de aprendizaje, y si, un líder si debe contar con dichas características, pero también un líder debe saber afrontar cualquier tipo de adversidad que se le presente y poder llevar de la mano a su equipo para salir juntos adelante, un verdadero líder siempre sabe rescatar lo bueno de lo malo y cuando alguien de su equipo tiene algún fallo, él debe ser el principal motor para corregirlo y que su nave nunca se hunda, un líder siempre aplaude en público y corrige en privado, es una persona que inspira a los demás y los hace sentirse a gusto y seguros en cualquier tarea o actividad que estén llevando a cabo, es fundamental que el líder siempre encuentre las formas para motivar a su equipo.

Ser un verdadero líder y ser ejemplo para los demás no siempre es un rol sencillo, tampoco el saber identificar quien verdaderamente lo es, en ciertas ocasiones se tiende a elegir a personas para dichos puestos que realmente no están aptos para ejercerlo, y es ahí donde entra el debate entre ser un líder y ser un jefe, pues no son lo mismo y aunque para muchos sea complejo identificar las diferencias no significa que no existan.

Según la RAE (Real Academia Española) un jefe es aquella persona que demanda sobre otras, y si, pues este es quien debe realizar el rol de tener gente bajo su cargo, haciendo a un lado el nivel jerárquico que existe dentro de la organización, un jefe debe hacerse responsable de sus propias tareas, así como debe saber guiar a los trabajadores en las suyas, un jefe siempre debe tratar de que se cumplan los objetivos de la empresa, uno de los requisitos claves a desempeñar son la dirección y la supervisión.

Sin duda, creo que la mayoría de personas se ha enfrentado a malos jefes dentro de su vida laboral, quienes son altaneros, déspotas, prepotentes, incluso prosaicos, no te dejan expresar tus ideas y nunca están dispuestos a escuchar a los demás, y vaya que actualmente es frustrante estar bajo el mando de una persona considerada de alguna forma de mentalidad "cerrada" y con conocimientos obsoletos, pues no está abierto a los cambios y críticas constructivas, por ende no permiten dejar que el equipo de trabajo crezca día con día; pero también hay otro tipo de jefes que brillan por sí solos y motivan a todos los que lo rodean sin darse cuenta, personas con las que da gusto compartir los roles dentro de la empresa, y si bien ha quedado clara la diferencia anteriormente, se estarán dando cuenta que la persona de la que estamos hablando ahora es el líder.

Un jefe siempre quiere demostrar quién es el que está al mando y trata a sus colaboradores como un equipo bajo sus órdenes, pensando que los demás solo están ahí para escuchar sus ideas y acatarlas, en cambio la persona que ejerce el rol de líder ve a todos como un equipo incluyéndolo a él, para este, aunque todas las tareas sean diferentes, van encaminadas hacia un mismo objetivo y no permite que ninguno se quede atrás, y si eso llegase a pasar motiva a los demás para darse la mano y se apoyen entre todos, para un líder, siempre sube a la cima junto con sus trabajadores, pues hay ocasiones en las que se celebran avances u objetivos logrados dentro del departamento y el jefe los celebra cuando ni siquiera estuvo de la mano dentro del proceso con los demás y se halaga diciendo que fue el resultado de su trabajo, aunque solo se la haya pasado viendo desde arriba al resto intentando conseguirlo, el líder está presente de principio a fin en cada proyecto, animando y motivando a su equipo y tiene claro que todos los resultados los lograron juntos y son parte del trabajo y esfuerzo de cada persona involucrada, mientras que él también ejerció su propia tarea ante dicho proyecto, hace parte a todos y sabe que cada uno fue una herramienta clave, nadie es más o menos, y de no ser por algún integrante de su equipo los resultados obtenidos no hubieran sido logrados de la misma manera.

En la actualidad también escuchamos y ha sido normalizado el estrés laboral, el cual creo que de alguna forma ciertos jefes los desencadenan en sus trabajadores, un ejemplo es cuando te asignan alguna tarea de un momento a otro, mientras tienes más pendientes en los cuales trabajar, dando pauta a frases como "lo quiero para ayer" o "no te preocupes, si no puedes hacerlo, hay más personas deseando obtener tu puesto", ¿realmente eso lo ven como alguna forma para motivar a su equipo y que rindan de forma eficaz y eficiente?, creo que es imposible mantener un ambiente laboral sano bajo el mando de personas así, pues es que no basta con solo ser bueno en tu trabajo, sino la forma en cómo te relacionas con los demás y de este modo será difícil llegar a los objetivos definidos, por otra parte, la persona que es líder sabe imponer el respeto ante sus colaboradores sin necesidad de intimidarlos, y a consecuencia de ello, cada que plantea una nueva meta su equipo está motivado a trabajar en ello, pues no quieren fallarle, dentro de sus habilidades están el saber diferenciar los asuntos importantes de los asuntos urgentes, para así tener una buena planeación y organización dentro de su departamento, pero, seguro te estarás preguntando ¿cuáles son los asuntos importantes?, ¿cuáles son los asuntos urgentes?, ¿cuál es su diferencia?; los asuntos importantes son aquellos que se realizan rutinariamente para alcanzar metas ya sean semanales, mensuales, etc.; los asuntos urgentes son los que te solicitan resolver de un momento a otro (los que son según el jefe "para ayer"), de este modo la persona que se encuentra al mando del equipo debe hacer una pausa en los asuntos importantes para realizar de inmediato la solución del asunto urgente, hay ocasiones en las que los jefes no quieren transmitir todos sus conocimientos al resto de sus compañeros y eso hace aún más pesado el ritmo de trabajo, ya que tareas en las cuales sus jefes deberían instruirlos deciden no hacerlo y los trabajadores deben investigarlo por su propia cuenta haciendo de esto la causa de retrasos en la productividad dentro del equipo de trabajo, a diferencia de un líder, el desea compartir todo lo que sabe con sus compañeros, para que crezcan juntos y siempre quiere que su equipo avance anqué él no pueda estar presente; el jefe trata de hacerse sentirse indispensable y superior a los demás, intentando hacer ver que si el no estuviera su equipo no podría avanzar.

Cuando ocurre algún fallo en el equipo, el jefe trata de deslindarse de toda responsabilidad, para nunca quedar como la persona que no pudo hacer bien las cosas, para el líder así como las victorias, también ve los fracasos como parte de su responsabilidad y no trata de buscar culpables, por el contrario, siempre trata de buscar soluciones y aprender de los errores junto con el resto de sus compañeros, cada error lo ve como una nueva oportunidad para crecer y aprender, pues tiene claro que de cada experiencia se obtiene sabiduría.

Otra de las dudas que se generan en cuanto al liderazgo es si todas las personas somos aptas para ser líder, ¿se nace líder o te haces un líder con el paso del tiempo?, para llegar a ser un verdadero líder se debe atravesar por un proceso de construcción, no es una mentira que la personalidad de cada individuo se va formando desde bebés dependiendo de la gente que nos rodea y de las experiencias que tenemos, a partir de ahí comienza dicho proceso de cada ser humano, hay personas que este lo desarrollan desde una edad más temprana que otras, sin embargo, consideremos una de las cuestiones orientales del "no ser" sino del "siendo", el cual hace referencia a que toda la vida es un proceso y lo relacionamos a este tema con el "no es llegar a ser un líder", sino el "estar siendo un líder continuamente".

A continuación, analizaremos ciertos puntos a considerar para ser un líder nato que nos dejó como aprendizaje Steve Jobs, los cuales fueron clave para alcanzar la cima del éxito:

✔ Compartía todas sus ideas y valores con el resto de su equipo.

✔ Creía en cada proyecto y luchaba por él, dedicaba todo su tiempo y siempre se hacía presente cuando la compañía estaba en peligro.

✔ Estaba apasionado con su trabajo y con los productos que ofrecía, no solo lo veía desde el punto de vista empresarial, sino como consumidor, es por ello que siempre buscaba la perfección y cuidaba cada detalle.

✔ Sabia reconocer el talento de los demás, de esta forma logro formar su equipo con personas llenas de este y creía profundamente en ellos.

✔ Atendió las necesidades que sus consumidores exigían, de esta manera convertía a todos sus usuarios en seguidores fieles.

✔ La innovación era importante para no quedarse atrás en el mercado, siempre fue fiel a la política de innovar eliminando lo innecesario en sus productos y haciendo que se diferenciaran de los demás.

Steve Jobs se convirtió en un líder y el motivo era sencillo de ver, pues era una persona que contaba con la habilidad de influir y motivar a los demás para conseguir los objetivos de la empresa y potencializar tanto sus habilidades como las del resto de su equipo.

Finalmente, debemos dejar claro que a veces el ser líder será un sinónimo para que te tachen de "loco", pues un líder es quien tiene la capacidad de poder ver a futuro y a veces ese futuro no coincide con la realidad del hoy, pues hay personas que se consideran líderes solo por emprender un negocio, el cual ya se encuentra en el mercado de ayer, es por ello que el verdadero líder siempre tiene una visión diferente del futuro y estos son los que marcan a los verdaderos líderes, a veces es difícil luchar cuando tienes tan clara una idea y el resto lo ve de forma negativa, pues nos encontramos en una sociedad en donde pareciera que la mayoría cuenta con un manual de lo que deben hacer y cómo hacerlo, a consecuencia, cuando alguien decide marcar la diferencia lo ven como locura, en ocasiones hay otros que lo ven desde el modo de "yo quisiera hacer eso, pero no me atrevo" y entonces se desencadena el "¿por qué tu si lo harás?", en el libro Los cuatro acuerdos se menciona una frase relevante: "A la miseria le gusta estar acompañada", es muy cierto lo que trata de dar a entender, pues hay personas que cuando se encuentran cómodas en el lugar en donde están, no se permiten experimentar cambios y de la mano no quieren que los demás avancen, no permiten crecer a los demás, esto pasa con la mayoría de los jefes en una empresa, están tan cerrados en su forma de trabajo que no deciden aceptar nuevas ideas para avanzar. Con todo lo mencionado anteriormente ya se tienen las herramientas suficientes para aprender a diferenciar entre un puesto de mando a nivel jerárquico y entre el liderazgo, ahora está en tus manos decidir que quieres ser o que estás haciendo para dejar una huella en la vida de las demás personas; así que, ¿quieres ser un jefe o un líder?

"Una buena cabeza y un buen corazón, son siempre una buena combinación" – Nelson Mandela

LIDERAZGO

¿Un líder nace o se hace?

El tema de liderazgo suele traer con él, un sin fin de interrogantes que a través de ellas nos ayudan a identificar si somos o no somos líderes en nuestra vida. Sin embargo, a veces no solemos percatarnos de las grandes cualidades que hemos desarrollado a través de nuestro desarrollo estudiantil.

Un líder es aquella persona que puede motivar, comunicar y conducir a un grupo de individuos. Tiene la facultad de crecimiento, consolidación paulatina y constante, el líder cuenta con la capacidad, objetividad, congruencia en lo dice y hace con principios y objetivos.

Se destaca que el líder es aquel que cuenta con la vocación de servicio y actitud optimista hacia la sociedad. Los líderes eficaces empoderan a otras personas para que logren sus objetivos personales y contribuyan a cumplir exitosamente metas grupales, los líderes están en posición de modelar comportamientos para que otras personas imiten. Porque ellos brindan orientación, comentarios durante el proceso de trabajo y a menudo también ayudan a mejorar las habilidades.

Las cualidades principales de un líder eficaz se pueden identificar como:

- Enfoque: Está es la capacidad que tiene la persona de transmitir enfoques para no perder de vista los objetivos o metas que se tengan planeadas.

- Comunicación: Es la clave para poder tener un liderazgo de esa manera puede influenciar a las personas de manera positiva y podrá mantener la escucha activa para el desarrollo de actividades.

- Optimismo: Capacidad de enfocarse en el lado ventajoso de las situaciones y esperar resultados positivos. Una actitud optimista ayuda a superar obstáculos y situaciones adversas.

- Mente abierta: Significa considerar nuevas ideas y ver las situaciones sin tener prejuicios. Escuchar a otras personas para poder incluir sus ideas para fortalecer el equipo.

- Integridad: Demuestra integridad al reconocer y dar crédito a otras personas. La integridad personal hace énfasis a la capacidad de ser honesto y ético. La integridad crea la confianza que se necesita para trabajar en conjunto.

- Persuasión: Apoya a la exposición de ideas de una manera que las personas se puedan contagiar de toda convicción.

La lealtad, puntualidad, dedicación, generosidad, persistencia, visión, inquietud y responsabilidad son algunas de las cualidades en las que un líder excede anteriormente mencionadas y es por ello por lo que solemos seguir a las personas que cuenten con todas esas habilidades.

Las características de liderazgo son acciones específicas que puede llevar acabo un líder. Los estilos de liderazgo son conceptos más amplios que definen el enfoque general del líder.

Identifica tú estilo de liderazgo:

1. Autoritario: Este líder brinda instrucciones a largo plazo y se centra en los objetivos finales, suele tener mayor experiencia y conocimiento que las personas que lidera, muestra instrucción clara y fija estándares, motiva al inspirar entusiasmo por la misión, es más eficaz cuando este requiere un cambio de dirección o visión y menos eficaz cuando se necesita una guía.

2. Burocrático: Es la forma más eficaz de liderar, este líder dirige a las personas a la consecución de objetivos, establece metas y motiva mediante la disciplina, se centraliza en el poder, es colaborativo, eficaz cuando se debe de tomar decisiones en corto plazo y menos eficaz cuando se trata de liderar a personas mayormente calificadas.

3. Autocrático: En este estilo de liderazgo todo recae en el líder, las decisiones las tomas centralizadas en él, siendo esta el responsable de crear los objetivos, estrategias, equipo y fechas. Es eficaz cuando no tiene que justificar su conducta ante el equipo.

4. Innovador: Comparte la visión del futuro y busca tener la excelencia, este líder le gusta crear cosas nuevas para implementar a su desarrollo, motiva mediante la promoción del respeto la creatividad de los miembros del equipo, es colaborativo. Es eficaz cuando se revuelven problemas complejos.

5. Marcador de ritmo: Este líder delega responsabilidad para que las personas que lidera adopten proyectos nuevos y trabajen con velocidad, se centra principalmente en la productividad. Motiva al establecer estándares altos y luego lidera con ejemplos.

6. Democrático: Depende del consenso, se siente a gusto cuando permite que otras personas lideren de vez en cuando, usa la comunicación y colaboración para un trabajo en conjunto, son agradecidos y su comunicación es bidireccional.

7. Transaccional: Es conocido como líder pasivo, tiene las metas claras, se muestra positivo, resolutivo y motivador se preocupa por su equipo por fomentar el interés y superación de cada uno. Se aplica principalmente en empresas que cuentan con una estructura definida.

8. Transformacional: Lo conocen como el verdadero liderazgo por los teóricos, el líder inspira en el equipo de trabajo de forma continua, es entusiasta. En este estilo de liderazgo es fundamentan el apoyo mutuo, se aplica la creatividad y la autonomía.

9. Afiliativo: Su principal función es la cohesión en el equipo y armonía, es por ello que tiene gran impacto en su ambiente. Se centra en las necesidades emocionales, motiva a las personas y en sus relaciones para evitar el conflicto. Es muy eficaz para aumentar la moral, reconstruir la confianza y trabajar bajo circunstancias de estrés.

10. Altruista: Se centraliza en personalizar estrategias para el desarrollo de las necesidades individualizadas del equipo, es reconocido por servir a otras personas, es motivador dado a su enfoque ético, crea cultura positiva para promover una moral alta.

Los tipos de liderazgo son enfoques que utiliza un líder para poder llegar a sus objetivos, ninguno es más o menos importante que el otro, cada líder suele adecuarse a su funcionalidad para poder resolver las adversidades que se le presentan, sería un error el solo mantenerse fijo en un estilo de liderazgo, lo ideal es adecuarse a la necesidad.

Al identificar algunos estilos de liderazgo, podemos llegar a la importancia que tiene y es que en la mayoría de las actividades se involucra el recurso humano dentro de un grupo.

Es necesario contar con una persona capaz de organizar y guiar al grupo, para cumplir los objetivos establecidos.

Los buenos líderes son reconocidos como por su forma de ser y por cómo hacen sentir a su trabajo de equipo por su desarrollo académico o logros alcanzados.

Lo que aún no está reconocido es si un líder se hace o nace, existen diversos puntos de opinión sobre ello. Sin embargo, yo podría considerar que ambas perspectivas están en lo adecuado, hay personas que desde la niñez poseen cualidades que los hacen diferentes a los demás, es por ello que se nos denomina como "Individuos".

Esos son denominados líderes innatos, porque ya cuentan con características de confianza, comunicación, inspiración, pensamiento estratégico, inteligencia emocional, empatía, compromiso y curiosidad.

Pero el ser líder también implica estar trabajando constantemente para seguir desarrollándose, por ello es que también se puede aprender a tener liderazgo si es que se lo propone la persona, a través de experiencias de vida, laboral y académica se forma un conjunto de habilidades que van apoyando a su desarrollo para alcanzar un buen liderazgo.

Como lo son: Influencia, visión, persuasión, simpatía, decisión, trabajo en equipo, facilidad de palabra, entre otras…

El ser líder de manera natural o de manera académica puede emplearse en diversos ámbitos, ejemplo de ello en organizaciones para la mejora del desarrollo de colaboradores o profesionales, gestión de conflictos internos o externos, trabajando en sinergia del equipo, entre otras…

También el líder se desarrolla en el ámbito personal. En la oratoria, tomando las decisiones oportunas con valentía y determinación, reconociendo el impacto que tiene ante los demás y decidiendo sobre el impacto que quiere tener. En la conciencia y autoconocimiento ante la adversidad o las sensaciones no deseadas, promoviendo el cambio que desea sentir en su vida.

De manera educativa se desarrolla en técnicas para el trabajo de la autenticidad fuera del área de confort y educar a personas íntegras, comprometidas y satisfechas, con principio de resiliencia, tolerancia y motivación ante la adversidad con capacidad de superación, entre otras cualidades más.

En lo social debe regirse dentro de los principios, consistencia, compromiso, persistencia, solidaridad, ética, conciencia, compromiso, la capacidad de escucha y empatía.

El líder es aquel que, en situaciones difíciles, ante la tormenta fuerte, en medio de las grandes demandas y crisis, es capaz de ponerse de frente y asumir con entereza.

Ahora que podemos identificar que un líder puede nacer y hacerse, es más fácil el poder observar que tipo de liderazgo maneja cada uno. Con ello es importante el seguir aprendiendo para poder identificar a más personas que puedan ser líderes o individuos que pueden construir su liderazgo. Todo parte de la voluntad de la persona, perseverancia, decisión y ser consciente de lo que eres, lo que te falta por llegar y lo que puedes lograr.

LA ÉTICA Y RESPONSABILIDAD SOCIAL EMPRESARIAL

Actualmente vivimos en un mundo globalizado, en el cual la población va en aumento, es por ello por lo que las empresas deben de replantearse ciertas medidas para poder cumplir con una responsabilidad social, considerando las futuras generaciones con desarrollo sustentable.

Debido a que la sociedad ha cambiado por influencia de otras culturas, ideas, costumbres, así como la política, las empresas deben de implementar parámetros para el bienestar social, no solo del corporativo.

Además de la globalización y con ayuda de la era digital, aumentan aquellos compradores que antes de consumir algún producto o servicio se dan a la tarea de investigar la empresa, aquí es en donde el consumidor verifica que lo dicho en sus términos y condiciones estén acorde a lo recibido, sumando a esto la influencia de su propia ética y moral del consumidor a la hora de comprar o consumir un producto o servicio.

La ética empresarial

La ética es definida por muchos autores de diversas maneras, en este caso asegura Connock y Johns (1995), que la ética es hablar con justicia, de decidir entre lo que está bien y lo que está mal, es definir cómo aplicar reglas que fomenten un comportamiento responsable tanto individual como grupal.

Considerando lo anterior, al definir a la ética empresarial se puede decir que esta es el conjunto de principios, valores, normas que estipula la misma empresa para regular, dirigir y encaminar las actividades de los trabajadores.

Con esto se beneficia a sí misma, en mejorar la relación con la sociedad y con los grupos de interés, que se encuentre estrechamente relacionada, ambas definiciones infieren que, en el seguimiento de la profesión de los trabajadores, si presentan o tiene acciones que van en contra de toda la ética, esto afectaría a la empresa o por el contrario, si el trabajador se maneja con base a su ética, seguirá y respetara de igual forma la ética empresarial viéndose reflejada en la corporación.

Asimismo, en México hay leyes que establecen la protección de las personas que se dediquen al trabajo digno, además de la protección a las terceras personas que puedan salir perjudicadas, encontrándose establecido en el artículo 5° de la Constitución Política de los Estados Unidos Mexicanos, estableciendo lo siguiente:

"A ninguna persona podrá impedirse que se dedique a la profesión, industria, comercio o trabajo que le acomode, siendo lícitos. El ejercicio de esta libertad sólo podrá vedarse por determinación judicial, cuando se ataquen los derechos de tercero, o por resolución gubernativa, dictada en los términos que marque la ley, cuando se ofendan los derechos de la sociedad..."

Sin embargo, para este caso las decisiones tomadas para tener responsabilidad social superan a las propias leyes, debido a que no hay como tal una ley que regule a las empresas con responsabilidad social, entendiéndose que aquellas empresas que realizan actividades con este fin lo hacen por mérito propio y no porque la ley así lo exija, apareciendo en escena el sentido ético que los seres humanos tienen, inculcados desde el núcleo familiar.

La responsabilidad social empresarial

La responsabilidad social nace de la ética de las personas, siendo conscientes en su actuar en la sociedad, por otro lado, si se habla de responsabilidad social empresarial se enfocaría en la responsabilidad que tienen las corporaciones o empresas con la sociedad de forma ética.

El Centro Mexicano para la Filantropía A.C. define de la siguiente forma a la responsabilidad social empresarial:

"es el compromiso consciente y congruente de cumplir integralmente con la finalidad de la empresa, tanto en lo interno como en lo externo, considerando las expectativas económicas, sociales y ambientales de todos sus participantes, demostrando respeto por la gente, los valores éticos, la comunidad y el medio ambiente, contribuyendo así a la construcción del bien común."

Se puede decir que la "ética empresarial" se encuentra relacionada con la forma en la que se maneja la empresa de manera interna, mientras que el término "responsabilidad social" brinda un beneficio, teniendo una responsabilidad con la sociedad y con los trabajadores de la misma corporación, de esta forma obtener la confianza del consumidor y seguir en el mercado.

Considerando lo anterior, se ha dicho que la responsabilidad social es solo una forma de hacer negocio y una estrategia, teniendo en cuenta las repercusiones que puedan tener en el ámbito político, social, cultura y en el medio ambiente.

Distintivo ESR: Empresa Socialmente Responsable

En la actualidad en México existe un distintivo que te avala como Empresa Socialmente Responsable (ESR), siendo otorgado anualmente por el Centro Mexicano para la Filantropía A.C. (CEMEFI), y la organización "ALIARSE por México", para aquellas empresas que adoptan este modelo.

Este reconocimiento, es otorgado año con año y es importante aclarar que es un proceso de autodiagnóstico para avalar el compromiso que tienen para y con la sociedad y claro, sin dejar de lado el medio ambiente y los grupos de interés.

El objetivo de este distintivo es el de acreditar y reconocer a las empresas líderes por su compromiso de aportar valor social a su operación ante sus públicos de interés.

Para finalizar, el resumen de estos conceptos es, el que involucran el actuar del ser humano en la sociedad, la forma correcta que debe manejarse en ella, y al momento en el que estos individuos forman parte de una empresa manejándose en base a su ética, moral y valores la empresa también se movería de forma ética y con sentido de responsabilidad social.

ÉTICA Y RESPONSABILIDAD SOCIAL

¿Cuál es la Responsabilidad social en la Migración Forzada en México?

La migración hoy en día causa repercusiones inimaginables, que van desde desintegración familiar, descontrol demográfico, crisis económica, social e incluso de seguridad personal.

Por eso este tema toma mucha importancia y es un fenómeno que debe ser estudiando desde edades tempranos, con el fin de sensibilizar a los niños y a sus familiares, proporcionando información que los ayude a identificar que lo ocasiona y cuáles son las consecuencias.

Cuando se habla de Migración no solo se está hablando de cambiar de residencia o vivir en otro país, es cambiar de cultura, desvirtuar valores y anteponer los deseos de otras personas antes que los propios, son cambios ideológicos muy fuertes y que muchas veces no se toman en cuenta.

Se puede decir que cuando se habla de migración "Forzada" se está hablando también de una vida llena de pobreza, inseguridad y pocas oportunidades para llevar una vida digna como lo establece la ONU en su decreto de los derechos Humanos universales.

Como los son: Derecho a un nombre, a la salud, a la vivienda y a la educación entre otros.

Estaremos de acuerdo que son los gobiernos que deberían de garantizar estos principios elementales, sin embargo, no es así, en algunos países ellos mismos fomentan esta migración, porque no se encuentran capacitados para proporcionarles un trato seguro y con oportunidades para una calidad de vida alta y con altas expectativas económicas, educativas y sociales.

Según Naciones unidas "Los migrantes internacionales constituían el 3.5% de la población mundial en 2019, en comparación con el 2,8% en 2018 y el 2,3% en 1980", estableciendo un récord en cuanto a la tasa a nivel mundial.

Para el año 2020, con el tema de pandemia se cree que este porcentaje ha aumentado, sin embargo, no existe datos estadísticos certeros, precisamente porque hoy las investigaciones y estadísticas están ocupados en otros eventos.

Sin embargo, el impacto que se observa, en cuanto al tránsito de caravanas que se ven cruzando entre países es un fenómeno alarmante.

Los datos que aporta el INEGI, México tiene 11,796, 178 de emigrantes, es el segundo país con más emigrantes desplazados a otros países, que suponen el 9,32% de su población total, aumentando año con año.

La emigración masculina es superior a la femenina, con 6.277.644 hombres, lo que supone el 53.21% del total, frente a los 5.518.534 de emigrantes mujeres, que son el 46.78%.

En México se ha vivido un caos con el tema de migración, ya que no solamente se ha visto la migración entre los diferentes estados o capitales, en la búsqueda de nuevas oportunidades de vida, si no también se han experimentado una avalancha de Migración Forzada de países, sobre todo de Centro América, que han determinado que México es el puente que los llevara a una vida con mayores oportunidades de vida, lo que comúnmente se le conoce como "Sueño Americano".

Pero, desde hace 3 años atrás las políticas migratorias en Estados Unidos han recrudecido causando con ello no solo el cierre de las fronteras, sino la deportación de extranjeros de forma irregular en el país vecino. Esta situación ha causado que todas estas personas se concentren del lado fronterizo de México, aumentando una desmedida situación de desigualdad, inseguridad y pobreza, ya que estas concentraciones no solo son de compatriotas, además centro americanos, africanos y asiáticos; Causando una diversidad cultural, religiosa y de valores, creando una crisis económica y social muy marcada que no beneficia a ninguna nación.

El informe de UNICEF "Desarraigados en Centroamérica y México" muestra que los viajes desprotegidos y las expulsiones intensifican las causas profundas de la migración irregular y desplazamiento forzado.

Las consecuencias de que la migración humana suelen tener grandes repercusiones en tanto el lugar de origen como el de destino, como son:

Cambios demográficos. Esto incluye el vaciamiento de ciudades y regiones del lugar de origen, generando un vacío cultural y económico que a veces complica aún más las cosas para quienes se quedan, y la llegada masiva de migrantes al lugar de destino, generando una mayor demanda de recursos locales.

Intercambio cultural y étnico. La mezcla y el mestizaje, la hibridación de las culturas y de las razas, aporta insumos nuevos y frescos tanto a la sociedad de destino como al pozo genético de su población, potenciando la diferencia, variedad y riqueza cultural.

Cambios de la dinámica económica. Los emigrantes a menudo envían dinero a sus familiares dejados atrás, lo cual representa un movimiento económico nuevo y adicional en el lugar de destino. Al mismo tiempo brindan fuerza de trabajo a su nueva sociedad y a veces las riquezas que lleven consigo.

Xenofobia. La resistencia a la migración por parte de los pobladores del destino puede alcanzar límites peligrosos y desencadenar violencia, racismo y otras manifestaciones extremas.

Entre otras que tienen que ver con temas de seguridad, ya que es muy común escuchar historias que se alejan mucho de cómo se tiene que vivir la vida, es decir los niveles en la calidad personal se reducen a maltratos, promedio de vida muy bajo, tasas de mortalidad a edad muy tempranas, desempleo, pobreza y marginación.

Por lo anterior es importante que estos temas sean considerados temas Emergentes en las agendas políticas y que no solo se vea como un fenómeno natural en la vida, sino que se mida de manera científica, que se conozca el impacto que esto tiene a nivel social, económico y que desvirtúa la vida futura.

¿Qué se tiene que empezar hacer hoy desde la responsabilidad social para que el mundo pueda sensibilizarse en estos temas?

Es necesario que se empiece a trabajar en el diseño de estrategias que incluyan tanto los gobiernos como las empresas, formando un frente común, en donde se brinde mayor oportunidad como creaciones de empleo, mayor oportunidad para acceder a programas que permitan a las localidades a generar fuentes de ingresos y así evitar el abandono de tierras, pequeñas empresas, negocios familiares, crear asociaciones civiles que puedan Coadyuvar con este tema de oportunidades. Es importante tomar en cuenta y comprender:

- La Comprenden la igualdad de oportunidades.
- La valoración y celebración de la diversidad social y cultural.
- La detección-gestión y solución del manejo del conflictos, divisiones políticas y tensiones sociales y,
- Las relaciones positivas entre personas, grupos, comunidades y localidades.

Además, se tienen en cuenta los derechos y valores democráticos internalizados, la interacción y confianza, solidaridad y empatía, las relaciones positivas entre personas, grupos, comunidades y localidades, la identidad, sentido de pertenencia y una noción de futuro compartido, así como la organización, empoderamiento y participación.

Por ejemplo, los empresarios podrían empezar proporcionar mejores condiciones a sus colaboradores, que incluyan espacios confinados seguros, sueldos dignos, seguridad en las operaciones, creando ambientes laborales óptimos, trabajar con estrictos apegos a la ética laborar.

Los gobiernos de igual manera sumarse a esta Responsabilidad Social que es tener datos reales de los niveles de pobreza en las comunidades, acudir a estos espacios, coadyuvar a las autoridades tanto estatales como municipales para fomentar oportunidades de vida digna para la población, generando en todo momento un sin número de acciones que contribuyan a aumentar el nivel de vida las comunidades.

No es un trabajo sencillo, sin embargo, si se considera importante que se plante que se está haciendo ahora en el tema de migración para que se pueda trabajar con mayor énfasis en este tema y que no, en los próximo 5 años venideros, no se esté hablando de un fenómeno fuera de control y que predomine más la desigualdad social.

LA CALIDAD ES PARA TODOS

La Calidad no es un privilegio de unos pocos

Un tema de moda en la actualidad es la calidad, en las empresas casi todas hablan de ella, de que es necesaria, de que el cliente espera recibirla, de que hay que implementarla, buscar certificar el Sistema de Gestión de Calidad de la organización, y otras tantas cosas más. Sin embargo, pocos toman la determinación de hacer cambios importantes para poder alcanzar la tan deseada calidad.

Existen diversas circunstancias hoy en día que han llevado a empresas de todos los giros y tamaños en nuestro país a interesarse por la Gestión de la Calidad. Entre ellas podemos destacar las siguientes:

o El incremento de la competencia que existe para todos los negocios, la cual ya no solo es a nivel local, esta globalización ha impulsado a que la competencia ya sea también nacional e internacional, todo esto por el uso de las tecnologías de comunicación, si antes competíamos contra aquellos negocios de giros similares al nuestro que se encontraban en nuestra periferia, hoy debemos reconocer que competimos contra todas aquellas empresas que han entendido la importancia de utilizar el internet como herramienta que les permite acrecentar sus ventas.

o El deseo de fidelizar a los clientes por parte de las empresas para garantizar la permanencia en el mercado.

o El potencializar sus productos y/o servicios para imprimirle un sello de "Cero Defectos" y, al reducir las pérdidas a través de la calidad generar un mayor margen de utilidad.

o Todos estos motivos hacen que actualmente las empresas, tanto consolidadas como de nueva creación, busquen implementar un Sistema de Gestión de Calidad e incluso certificarlo bajo la Norma ISO, y con esto ganar puntos en un mercado muy versátil que evoluciona cada día buscando satisfacer sus necesidades y rebasar sus expectativas.

Pero existe el pensamiento erróneo entre los directivos de las empresas, que el implementar un SGC no es para toda clase de negocio, que únicamente pueden hacerlo aquellas empresas que cuentan con mucha operación en el mercado, por lo tanto, con un margen de utilidad de respeto.

En la actualidad existe una tendencia a nivel mundial que se manifiesta en la globalización, proceso por el cual las empresas se ven obligadas a integrarse en los mercados financieros mundiales y a adoptar una cultura de la calidad tanto para ellos como empresa como para su personal, sin embargo, pocas empresas pueden competir contra organizaciones de primer nivel. Este problema tiene su origen en la falta de una cultura de calidad por parte de las empresas mexicanas, sobre todo tratándose de pequeños negocios o negocios familiares, las cuales no asumen la adopción de la cultura de calidad como un compromiso real e importante para lograr sus objetivos y ser competitivos en los grandes mercados.

Pero a pesar de que esta afirmación sea cierta, nada más falso que el pensamiento de que solo las empresas grandes pueden asumir un compromiso con la calidad y certificarse.

Cierto que, a mayor venta, mayor margen de utilidad, por lo tanto, sus ingresos les permiten invertir en la implementación y en la certificación, pero una empresa pequeña lo puede hacer también y esto la hará más eficiente, cuidará de mejor forma sus recursos y este ahorro le ayudará a ir alcanzando sus objetivos estratégicos, mismos que les permitirán competir.

Puede ser que los costos de certificar una empresa bajo la Norma ISO 9001:2015 no sean bajos, pero, aunque la certificación no este por ese motivo al alcance de los pequeños negocios familiares, si pueden implementar dicho sistema. La certificación sin duda es importante, pero más importante lo es implementar el sistema de gestión de calidad, aunque nadie te lo certifique.

Un modelo de calidad debe ser impulsado por los directivos, adoptado por los empleados y percibido por los clientes, si alguna de estas 3 afirmaciones no se da, la implementación no sirve de nada, pero puedes cumplir con estos 3 objetivos sin necesidad de cubrir los costos por certificación, es decir, un cliente puede ver y sentir la calidad en tus servicios si tú la implementas, puedes ser que no tengas un cuadro colgado en la oficina del director general, o que no rotules sobre la barda del estacionamiento que tu negocio cuenta con dicha certificación, pero si aun así, tú ya la implementaste, créeme, tu cliente lo notará y te lo agradecerá favoreciéndote con su preferencia.

La satisfacción de las necesidades y expectativa del cliente constituye el elemento más importante de la gestión de la calidad y la base del éxito de una empresa. Por este motivo es imprescindible entender perfectamente el concepto de satisfacción de sus clientes desarrollando sistemas de medición de satisfacción del mismo y creando modelos de respuesta inmediata ante la posible insatisfacción a todo servicio, siempre se le debe estar incrementando continuamente un valor agregado en la empresa para la comodidad del cliente.

Sin lugar a dudas, la ventaja competitiva que le da implementar un Sistema de Gestión de Calidad en una empresa PYME o negocio familiar es de vital importancia, debido a los múltiples beneficios que con esta se obtiene.

Puede ser que el costo de certificación de un SGC para las pequeñas empresas sea considerado por más de uno como un precio elevado, pero debemos comprender que, si tener calidad cuesta caro, cuesta más no tenerla, y la inversión en ese sentido es algo que vale la pena, pues los frutos que genera, pagan por si solo el costo de certificación.

Podemos concluir que en la actualidad solo las empresas que entiendan que, alcanzando un grado elevado de competitividad, pueden quedarse por muchos años en el mercado, adquiriendo beneficios adicionales para su empresa, como lo son: la detección y prevención de problemas referentes a la calidad en el servicio, un conocimiento de las causas reales de los mismos y una disminución de los costos, así como aprender a ser eficientes con sus recursos, que al ser un pequeño negocio, muchas ocasiones esos recursos están muy escasos.

Con todo lo visto, concluimos que cualquier empresa puede adquirir la calidad para darle lo mejor de sí a sus clientes, la calidad no es algo exclusivo de los grandes corporativos, todos podemos adoptar dicha cultura y cuando esto suceda nuestros clientes lo percibirán y por supuesto, lo agradecerán.

MERCADOTECNIA DE SERVICIOS

¿Cuál es el propósito de la Mercadotecnia Contemporánea?

Se puede decir, que la Mercadotecnia actualmente tiene como propósito fundamental, el verificar cuáles son las necesidades de la gente y en base a ello elaborar productos o brindar servicios, sin dejar de lado la idea de cubrir necesidades y también generarlas.

En virtud de que todo producto va acompañado de un servicio, podemos decir que los servicios tienen un papel preponderante en la Mercadotecnia, motivo por el cual, hablaremos de la importancia que éstos tienen, a pesar de ser intangibles, es decir, no podemos tocarlos, no los vemos, no los comemos, no los escuchamos, pero sí los sentimos y esto es referencial en cuanto al éxito que pueda tener la Mercadotecnia de Servicios.

Podríamos determinar que los servicios en las empresas son de suma importancia, ya que el objetivo es agregarle valor al servicio que se ofrece, como una excelente calidad en el mismo. Su importancia es tal, que, a través de una estrategia de Marketing de Servicios, se conseguiría garantizar la máxima satisfacción de consumidores y usuarios.

El sector de servicios esta impactando cada vez más en la economía de las empresas, por consiguiente, debemos utilizar tácticas diferentes a la de los productos; después de todo un mismo servicio puede ser utilizado por el cliente de diferentes maneras, e ahí la versatilidad de los servicios.

Existen 7 P de la Mercadotecnia de Servicios

Es seguro que se conozcan las 4 P del Marketing y tratándose de Servicios, este número casi se duplica, porque la misión del servicio es persuadir al cliente.

1.- Producto

Suena raro porque estamos hablando de Servicios, pero la realidad es que todo servicio ofrece una solución al cliente, que le genera valor y a eso le llamaremos Producto.

2.- Precio

Llegar al precio de equilibrio y de ahí, checar los precios de la competencia en caso de tenerla y luego calcular el precio final del producto, es un gran desafío, y en el caso de los servicios, el reto es aún mayor, porque son intangibles. Pero si tomamos en cuenta que el objetivo de todo negocio es ser rentable, entonces esta tarea será más sencilla de realizar. Siempre se debe tomar en cuenta el o los productos que ofrece la empresa y no perder de vista que el objetivo de los negocios es vender, obtener ganancias, esto permitirá ofrecer el servicio que el cliente merece y por el que está dispuesto a pagar.

3.- Plaza
La Plaza es el Mercado referente en base al servicio que se ofrece, éste puede ser presencial o en línea, inclusive en la casa de los clientes. Además de que conlleva aspectos logísticos como: el desplazamiento, el horario, los plazos de entrega, etc., todo ello marca una gran diferencia tanto en la capacidad que se tenga como empresa para el desempeño de

las funciones con la calidad debida, así como en la elección de los clientes, debemos entender, la Plaza.

4.- Promoción

En la Promoción se contemplan todos los mensajes con los cuales queremos llegar a los clientes, para comunicar el tipo de empresa, los productos y/o servicios que se ofertan y su valor de uso. El lenguaje que se utilice en las redes sociales debe constituir un mensaje, claro, preciso y conciso. En la Promoción de un Servicio es sumamente importante ser objetivo, innovador, creativo, dinámico y empático, para obtener la confianza de los clientes potenciales y conservar los actuales, ya que así se genera una mayor percepción de valor en el Servicio que se ofrece.

5.-Procesos

Se deben desarrollar procesos de trabajo eficientes como actividades suficientes que convenzan a los clientes de volver a probar el servicio o generar la expectativa por probarlo. Cuando un Proceso se estructura internamente de forma sólida, como por ejemplo: no quedarse en la terminación del servicio sino ir más allá, estar siempre presentes en la mente de los clientes, como un proceso de Posventa-Posservicio, (realizando encuestas en línea o telefónicas, acerca de lo que piensa el cliente del producto y del servicio que se les brindó) resultará más fácil el posicionamiento en base al servicio otorgado, si el resultado es el esperado o realizar los cambios que los mismos clientes sugieren.

6.- Personas

La Fuerza de Ventas (los vendedores) de una empresa, son la carta de presentación de esta. Por lo cual, se deben elegir personas que se comprometan con la organización y la representen como si fuera de ellas.

Es importante que antes se les Capacite con relación a lo señalado. Un trabajador que no está a gusto en su trabajo no dará un buen servicio al cliente. Por lo tanto, no se alcanzará la satisfacción del cliente y no se podrá imponer o mantener el estándar de Calidad en el Servicio, que se requiere y resulta vital para lograr las ventas.

7.- Palpabilidad

La Palpabilidad se refiere a que el cliente pueda sentir el servicio que se le brinda, por lo cual, se vuelve una evidencia física del servicio que se debe promocionar, cuando el usuario puede palpar un servicio que es intangible, es necesario dar algunas pistas al demandante para que determine la calidad del servicio. Estos podrían ser algunos factores como: la presentación física de la fuerza de ventas, la cultura organizacional, las tarjetas de presentación, las redes sociales en las cuales se promociona el servicio. Cuanto más tangible se puede volver el servicio para el cliente, se tendrá mayores opciones y posibilidades de ser contratado.

Para finalizar, es conveniente tener siempre en mente, que los productos son inseparables de los servicios, pero a la vez, los servicios son inseparables de las personas.

Fuentes: blog (https://rockcontent.com/es/blog)
(https://rockcontent.com/com/es/blog/7-P-marketing.)

MARKETING

EL MARKETING Y LA SOCIEDAD

¿Qué es el marketing? El marketing o también conocido como mercadotecnia, es un sistema encargado de ofrecer satisfacción a los clientes con un objetivo con fin de lucro (el objetivo con fin de lucro es para la obtención de algún beneficio, mejor visto como motivación para toda empresa y economía de mercado), el marketing no solo es un sistema de investigación de mercado, también les ofrece el estudio sobre el comportamiento en los mercados, el conocimiento necesario para saber cuáles son las necesidades de los clientes para buscar satisfacción con el producto o servicio que toda empresa otorga, realiza análisis comerciales para conocer el manejo de otras compañías, el marketing se encarga de atraer a los clientes, obtener su atención, mantenerlos y hacerlos fieles a la compañía a través de satisfacción de necesidades, deseos y la resolución de problemáticas que se les presenten.

El marketing es una disciplina que se divide en numerosas ramas dedicadas a fines de satisfacer personas a cambio de su fidelidad y atención a la empresa, productos y servicios que esta misma ofrece.

Los emprendedores que desean alcanzar el éxito deben tener en cuenta que no solo se debe pensar en el desarrollo de un negocio o de una idea emprendedora para generar ganancias y obtener clientes rápidamente, todo esto nos lleva a un proceso donde hay que entrar en la mente de la sociedad para buscar las maneras de hacer de su marca, un éxito.

Toda marca tiene cambios con el paso del tiempo, estos cambios ¿Quienes lo crean? Los clientes, la sociedad, una marca no conocida no tendrán éxito por no conocer su entorno social (si la marca no satisface a las personas, entonces no captará su atención, ni logrará ofrecer su producto o servicio de manera exitosa), aun si la empresa tiene una cantidad de clientes, hay que tener en cuenta que es importante tomar en cuenta una parte de la sociedad o en grandes casos, toda la sociedad que conforma el entorno de la empresa (en el caso emprendedor con una nueva marca).

Ahora se hablará de una rama importante dentro del marketing, el cual se basa en su interés por la sociedad para satisfacer alguna necesidad que no está siendo atendida.

El marketing social es una mezcla de técnicas mercadológicas, la diferencia es que, en este tipo de marketing en lugar de promocionar un producto o servicio, esta estrategia pretende obtener y convencer al público aportando soluciones a sus necesidades.

Alan Andreasean, experto estadounidense en dicha materia menciona que es la aplicación de estrategias mercadológicas comerciales para analizar, plantear ideas, ejecutar procesos y evaluar programas sociales con el objetivo de mejorar el bienestar personal del cliente y de su entorno en la sociedad. El marketing social para Philip Kotler (especialista en mercadeo) y Gerald Zaltman (profesor en Hardvard Business School y autos dedicado al mercadeo), es un concepto donde la organización tiende a establecer las necesidades e intereses del mercado para darles a los clientes un bienestar que le aporta solución a algún problema, como por ejemplo de salud, transporte, medio ambiente, educación, entre otros de carácter social.

Hoy en día los consumidores no requieren de una empresa que le ofrezca ventas a cualquier precio, más bien ellos buscan marcas que sean socialmente responsables y muestren el valor no solo en los productos y servicios, también el valor de los cambios que la marca está ofreciendo y proponiendo.

¿El marketing social es solo para empresas? No, esta estrategia de marketing puede ser aplicada tanto para empresas, como para organizaciones y gobiernos cuyo objetivo sea transformar hábitos de pensamiento, actitudes y comportamientos sociales, teniendo como prioridad que los clientes se sientan satisfechos con el concepto de producto social que ofrecen y si perciben correctamente los beneficios que otorga.

¿Cómo implementan las personas esta técnica en su negocio? Las personas deben elegir una causa social, al ir empezando es mejor que se trate un problema social a la vez para que ellos se centren en sus metas deseadas elaborando y siguiendo sus estrategias para lograr el objetivo deseado.

Deben generar acciones que se apliquen al problema social elegido, pero estas mismas deben vincularse con su negocio. Es importante que el público se involucre en las acciones que se propongan, habrá que hacer estrategias que llamen la atención de las personas para que sepan lo que el negocio hace, pero aún más importante el motivo del por qué lo está haciendo (cuando las personas entiendan el valor de estas acciones, tendrán más interés en participar si se sienten identificadas con la causa del problema social por tratar). Un paso importante es invertir en marketing social, esto ayudará a que el negocio se anuncie publicitariamente y se den a conocer las acciones y motivos. Una vez que llegue a más personas entonces el valor social irá creciendo y el negocio empezará acercar a sus objetivos a corto plazo. Como un último paso se deberán buscar empresas y/o emprendedores interesados en las acciones a las que se dedica el negocio, ahora esto ayudará a alcanzar los objetivos con mayor rapidez, va a ser beneficioso para la causa social que se trata de resolver y entre más personas se vean involucradas, más probabilidades hay de lograr un cambio positivo de satisfacción.

Deben recordar que no es solo el problema social el que se escoja, sino que también hay que pensar en los beneficios sociales que van a ayudar a la sociedad que vea lo que el negocio está proponiendo, siempre haciéndose ver con una diferencia positiva ante los demás negocios, así se lograra captar más atención y obtendrán más personas interesadas en la acción social.

¿Por qué es importante el marketing social? El marketing social no está buscando un beneficio económico como punto principal (habrá ganancias para obtener mejoras en un comportamiento social pero no es el objetivo principal), su importancia se basa en la transformación positiva de la sociedad a través de marcas y empresas con objetivos positivos que beneficiarán a las personas. Hoy en día la sociedad está más consciente del impacto que tienen los problemas sociales y ambientales, las empresas deben acercarse a ellos generando estrategias que los ayuden a conocer las necesidades de cada persona. Este tipo de marketing ayuda a mejorar a la sociedad, mejora la imagen de la empresa o de la marca (reconocida o nueva), se conecta con los clientes y en todo su entorno social, tiende a crear más confianza y conciencia en la mente de las personas que están interesadas en las acciones del negocio.

ESTRATEGIAS IMPLEMENTADAS PARA LA SEGURIDAD DEL PERSONAL DURANTE PANDEMIA

La seguridad e higiene siempre ha formado parte de una organización o empresa en el ámbito laboral lo cual es de suma importancia, sin embargo, en una pandemia se vuelve más exigente para el cuidado del personal.

En nuestro país el COVID-19, dio un gran impacto que afecto a las empresas, por lo cual no se tenía previsto una situación tan alta de contagios, por lo consiguiente las empresas como responsables del cuidado de sus trabajadores comenzaron a implementar diferentes estrategias para el cuidado de todos y todo lo que se encontraba dentro y fuera del área de trabajo.

Eso hizo que las empresas buscaran una manera de trabajar teniendo mayor seguridad, ya que no podían tener pérdidas económicas ni por supuesto del personal, realizando una serie de manuales en donde se corrigió de manera específica las atenciones para personas antes, durante y después de contagio, así como la prevención y cuidado de la higiene.

En aplicar este método favoreció a que no se propagara el contagio del personal, por ejemplo, hacerlo de manera virtual, asistiendo al lugar escalonadamente y por un determinado tiempo, poner las medidas como lo que es gel, agua con jabón para el adecuado lavado de manos, cubrebocas y aquella protección que sentían a los compañeros seguros. Por otro lado, cabe decir que también es importante el uso de reglas en cuanto a la interacción del personal, separándolos por cierta distancia.

Acompañado de la capacitación del personal enseñándoles videos para mostrar la gravedad de una pandemia y las consecuencias que se tiene por no hacer caso a las indicaciones. Este manual tiene varias ventajas ya que no solo depende de las decisiones de los dueños de la empresa si no del cuidado como personas.

Las estrategias que se implementaron primeramente fue identificar cada grupo y área de los diferentes trabajadores (administrativos, operativos, comercial), por lo cual se identifica que grupo puede realizar de trabajar de manera teletrabajo y cuáles no, por lo consiguiente determinar qué los grupos que ingresen a las empresas tengan el equipo de protección personal brindado por la empresa. Posteriormente se llevar evaluaciones diarias tanto presencial como virtual, ejemplo; tomar de temperatura, oximetría, e incluso pruebas de PCR, con ello se pretende llevar un monitoreo del día, e incluso preguntando si días anteriores no estuvieron expuesto con alguna persona enferma. Debe a ver barreras físicas/ divisores, esto puede ser una ventanilla de plástico, de la cual la persona encargada debe de usar mascarilla, guantes durante la revisión y llevar a cabo el lavado de mano, al igual que debe desinfectar el equipo que utiliza para la medición de temperatura y durante la evaluación realizada de manera presencial.

El equipo de protección se debe portar de manera correcta, al igual que al retirar el equipo se debe colocar en un lugar libre de bacterias, adecuado para evitar el contagio, el equipo de protección varía de acuerdo en el área que se encuentra la persona, todos deben lavarse las manos con agua y jabón al menos 20 segundos o usar un desinfectante de manos al menos con 90% de alcohol, el adecuado correcto de mascarilla, en algunos casos la protección para la ojos (gafas, careta), guantes y en donde se requiera una bata si se tiene contacto directo con personas posibles con COVID.

Una vez ingresado la persona al espacio de trabajo es necesario que el respete el distanciamiento social, por lo consiguiente muchas empresas implementaron la marca de cada lugar donde se debe encontrar la persona, por lo cual debe tener 2 metros de distancia, posteriormente brindar un lugar sanitizado, e incluso a cierto horario limpiar el área del trabajo con el fin de que evitar cualquier contagio dentro de la empresa.

Las empresas a tratado de llevar adecuadamente el protocolo de seguridad tanto personal como trabajo en equipo, al inicio de la pandemia muchas personas no conocían cómo era llevar a cabo un protocolo de seguridad para evitar el contagio, y con ello la pandemia género que las empresas tengan consideraciones en este tipo de temas, al ingresar una enfermedad al país se deben proveer las consecuencias que puede tener y más hoy en día con la nuevas variantes de COVID que al momento que una persona lo presenta considerar los aspectos de higiene, y no bajar la guardia en los cuidados que se deben implementar e incluso tratar de impulsar a sus trabajadores para que se sientan seguros con la implementación adecuada de los protocolos para así poder brindar la prueba al menor costo posible observando si no existe la enfermedad.

Hoy en día se habla de esta pandemia, pero las empresas deben considerar que si en algún futuro surge una nueva enfermedad que sea más letal, debe estar preparados esto con guías, manuales que ayuden a tener ciertos pasos para la seguridad, el ir investigando mejores equipos de protección para cualquier área, pero principalmente donde se encuentre un número grande de personal trabajando.

El conocer las medidas de seguridad e higiene durante una pandemia nos puede brindar conocimientos para el futuro y las estrategias que se utilizaron en gran mayoría de empresa fueron el implementación de guías, capacitación de adecuado protocolo a seguir lavado de manos, equipo de protección tanto en el uso como desecho, el identificar síntomas o brindar la confianza de informar si algún familiar tenía la enfermedad, el llevar un control estadístico de los principales síntomas (temperatura, oximetría, pulsaciones) y que incluso en algunas empresas los mismos trabajadores pudieran verificar como se encontraban sus compañeros generaba un lugar de clima laboral seguro.

Este proceso va dirigido para aquellas empresas de tamaño grande y mediano, que tengan un giro industrial, comercial y de servicio. Por lo cual se debe de garantizar la efectividad de dicho protocolo ya que es importante en la salud. Por ello se debe de seguir los pasos adecuados con un análisis profundo de áreas.

Esto tiene la finalidad de tener la buena costumbre de la higiene ya que por el paso del tiempo se había perdido y las personas descuidaban ese tema. Lamentablemente tuvo que pasar una situación como la pandemia para que nos diéramos cuenta de la importancia del cuidado personal. Ahora se tiene que trabajar de manera más cuidadosa y teniendo un mensaje dentro de ella la cual es que si seguimos contaminando o queremos seguir experimentando con cuestiones que puedan afectar a la salud podría perjudicarnos con la muerte.

Se considera que el reto más importante en la vida laboral y personal será el aprendizaje obtenido en este tiempo de pandemia por COVID19, y no puede pretenderse volver a la cotidianidad, al contrario, se debe construir una nueva y mejor "realidad", en donde todos podamos convivir de manera consciente y ordenada con estos organismos vivos que también luchan por pertenecer al ecosistema, logrando así continuar con una vida de calidad, mejorando los entornos, siendo más empáticos con nuestra sociedad y asumir retos de diseñar estrategias e implementar con éxito, para la seguridad del personal de cualquier organización.

Es importante que todos cuidemos de todos y seguir llevando a cabo adecuadamente cada estrategia implementada para evitar más pérdidas humanas en este momento o en un futuro.

LA HIGIENE Y SEGURIDAD

LA IMPORTANCIA DE LA HIGIENE Y SEGURIDAD EN UN MUNDO GLOBALIZADO

Diversos autores han definido a la higiene y seguridad como el conjunto de normas que se deben aplicar en la prevención de riesgos laborales para los trabajadores. Este concepto ha tomado una importancia muy grande en los tiempos en los que se viven actualmente; aunque en México no se tenga una cultura muy arraigada de lo que es la higiene y seguridad en el trabajo, ni mucho menos se hace hincapié en la importancia de la misma no quiere decir que no represente un pilar sumamente importante en el desarrollo de nuestras actividades laborales en nuestro país y en el mundo.

Por ejemplo, las personas que trabajan con sustancias peligrosas deben seguir una serie de normativas de seguridad para garantizar que su actividad sea segura, de la misma manera las personas que manipulen líneas eléctricas, o que estén en contacto con riesgos biológicos todos deben acatar las normas respectivas a su actividad para que se puedan desarrollarse sin temor a sufrir lesiones o accidentes.

Por otra parte, no solo existen normas y procedimientos que nos ayudan a mantener nuestras actividades libres de riesgo, sino que también existe una gran variedad de equipo de protección que nos ayuda a proteger lo más valioso que puede llegar a tener el ser humano, que es la vida.

Así mismo existen organismos que se encargan de regular todos los aspectos concernientes a la Higiene y Seguridad en el trabajo.

No obstante, la higiene y seguridad ha tomado una gran y nueva importancia en el mundo actual debido a una situación que no es ajena a ninguna nación o país, la pandemia de la covid-19.

¿Cuál es la importancia de la higiene y seguridad en el mundo globalizado?

Antes que nada, debemos definir lo que es la globalización, y según diversos autores, la globalización puede definirse como el proceso económico, político, social y cultural en la que se da una verdadera comunicación entre las naciones del mundo.

Es por ello, que la higiene y seguridad en el mundo debe ser apreciada con una óptica completamente diferente a la que se venía haciendo anteriormente, pues al existir un intercambio de todos los factores que se mencionan anteriormente, podemos entender que el mundo moderno es esencial procurar la salud de las personas que componen la fuerza laboral y que hacen posible que el mundo siga su curso, que la economía siga y que todas las personas puedan mantener una vida cómoda y libre de riesgos en medida de lo posible.

Históricamente, alrededor del mundo han existido situaciones en donde la Higiene y Seguridad, no han estado presentes y las consecuencias de estas situaciones han sido catastróficas y las consecuencias de estos terribles sucesos no solamente han sido dañinas para el lugar donde se han suscitado, sino que han causado problemas que todo el mundo ha tenido que prestar atención y a raíz de ello se han creado nuevas normas que no solo han prevalecido hasta la actualidad, sino que continuamente se han ido mejorando para prevenir que estas situaciones pudieran volver a presentarse.

Un ejemplo de lo anterior, es lo que sucedió en Chernóbil el 26 de abril de 1986, en la ciudad de Prípiat, en donde se suscitó lo que hoy por hoy es considerado por muchos el peor accidente nuclear en la historia, causado por una explosión en el reactor de esta planta nuclear, dejando como saldo oficial un total de 31 personas fallecidas, pero los reportes extraoficiales consideran que pudieron haber sido muchas más, y eso sin mencionar todas las complicaciones que se presentaron en los sobrevivientes que estuvieron expuestos a la radiación.

Por otra parte, la radiación que se produjo a raíz de este accidente contaminó una gran parte de la unión europea, lugares tales como Rusia, Bielorrusia, Ucrania, Suecia, Finlandia, Austria, entre otros.

Uno de los protocolos que actualmente han surgido en respuesta a situaciones como la anteriormente mencionada es la ISO 18589, que hace referencia a las mediciones de radioactividad en el suelo.

De igual manera, existen una serie de normas que nos ayudan a la gestión de riesgos, la gestión ambiental, entre otros temas que pudieran estar relacionados de manera directa o indirecta con la Higiene y Seguridad en el mundo.

Es por ello, que la importancia de la Higiene y Seguridad en el mundo debe estar siempre presente en todas las personas, pues como se mencionó anteriormente, las consecuencias de ignorarla pueden ser devastadoras y perjudiciales para la salud de las personas.

Sin embargo, los procedimientos que son comprendidos dentro de la Higiene y Seguridad no están limitados a las organizaciones o empresas, sino que pueden estar presentes en cualquier parte de nuestro hogar, desde la situación más básica, como podría ser cocinar, el cambio de un bombillo fundido, el orden de nuestro hogar, entre otras actividades que pudieran conllevar un riesgo para nuestra salud.

Adicionalmente, podemos concluir que la Higiene y Seguridad juegan un papel de vital importancia en el mundo globalizado, en donde cada vez más todos dependemos de todos para satisfacer nuestras necesidades, que van desde las más básicas hasta las más complejas, y para asegurar que esto pueda seguir sucediendo, tenemos que tomar medidas pertinentes para proteger a todas las personas involucradas en la actividad económica y protegernos nosotros mismos de cualquier situación potencialmente peligrosa que pudiera llegar a causarnos algún daño irreversible, y si bien es cierto que no existe ninguna manera ciento por ciento infalible para mantenernos seguros en todo momento, la Higiene y Seguridad es el arma más poderosa con la que contamos actualmente para este cometido.

ANÁLISIS FODA

MATRIZ FODA PERSONAL: Una herramienta estratégica para tomar decisiones basada en el autoanálisis

Hoy en día sin lugar a dudas la incertidumbre es una variable predominante, no solo en la vida económica, social, política o tecnológica, si no también en la vida personal, creando inseguridades en la toma de decisiones a nivel particular, entorpeciendo en gran medida la madurez y el crecimiento natural de los individuos.

Tomando en cuenta que la **OMS** (Organización Mundial de la Salud) reconoce que la salud *es un estado de completo bienestar físico, mental y social, y no solamente la ausencia de afecciones o enfermedades,* se puede determinar que es importante que las personas realicen de manera permanente, un autoanálisis, que les permitan generar un autoconocimiento y con ello tener la oportunidad de tomar decisiones en sus propias habilidades y destrezas, forjando con ello que los objetivos personales planteados puedan ser alcanzados de forma exitosa.

Para lograr lo anterior es importe señalar cuales son las ventajas de formular una matriz FODA basada en criterios personales, esta es muy parecida a la utilizada en las grandes organizaciones en donde el análisis tanto interno como externo deben ser desmenuzados, por llamarlo de alguna manera, para conocer los pros y lo contras, que pueden favorecer o perjudicar en la toma de decisiones.

El objetivo del análisis Interno de la organización es identificar las fortalezas y debilidades y en cuanto el análisis Externo se encarga de es descubrir oportunidades y amenazas, entendamos que:

Las **fortalezas**: son aquellas cualidades, actitudes y habilidades deseables y sobresalientes de una persona. Estas Pueden basarse en los valores tanto morales como éticos del individuo, su capacidad para interactuar, su carácter, sus capacidades o su personalidad.

Por ejemplo, se deberán analizar los puntos intrínsecos de las personas, como la:

✔ Responsabilidad.
✔ Puntualidad.
✔ Asertividad.
✔ Empatía.
✔ Coherencia, entre otros factores.

Las **debilidades**: Por su parte son atributos no deseados en una persona, ya que resulta poco útiles para lograr los objetivos formulados. Las debilidades en ocasiones son difíciles de identificar, pero vale la pena que se realice un autocritica que permita el identificarlos y con ello se pueda modificar las conductas o debilidades que se poseen.

Entre algunos factores o variables que son importante tomar en cuenta estarían:

✔ Deshonestidad.
✔ Pesimismos.
✔ Deslealtad.
✔ Cobardía.

✔ Baja autoestima entre otros.

Las **oportunidades:** En cuanto a estas, están determinada por factores **externos**, que son aún más difíciles de visibilizar, pero se pueden ir identificando cuando se realiza un exhaustivo análisis del entorno, no sin antes, considerar cuales son los valores, cualidades, intereses, habilidades y destrezas que posee la persona, para que, en función a esto, se reconozca cuáles son los campos en los que podrá incursionar, es decir, en que estaría dispuesto a trabajar llegado el momento.

Algunos puntos que podrían valorarse son:

✔ Estudios profesionales
✔ El aprendizaje de un nuevo idioma
✔ Aprendizaje en nuevas tecnologías
✔ Vivir en otras ciudades entre otros.

Las **amenazas:** Por último, este rubro podría considerarse como catastrófico, si no se maneja de forma adecuada, ya que depende del entorno y no de las personas en sí.

Por ello es indispensable crear hábitos saludables de autoevaluación, que permita estar pendientes tanto de los factores intrínsecos, pero también se deben crear un modelo personal que coadyuve el estar pendiente de su entorno, ¿Cómo poder identificar que no se está preparado para enfrentar una amenaza?

✔ No se está informado.

✔ No puede identificar modificaciones en el ámbito económico, social y familiar de forma oportuna.

✔ No se adapta a los cambios súbitos o parciales.

✔ Pensamientos negativos todo el tiempo.

✔ No tiene el hábito de autoevaluación.

Todos los puntos anteriores son muy relevantes y tomarlos en cuenta ayudara a elaborar una **Matriz FODA personal** Estratégica que funcione como un instrumento guía, para lograr los objetivos que se desean alcanzar.

Existe un modelo matemático del FODA creado originalmente por Albert S. Humphrey, en los años 70. El cual tenía a su cargo un estudio de la Universidad Stanford, se buscaba crear una herramienta que permitiera conocer cuáles eran las fallas en las organizaciones o empresas y así poder identificar los pros y los contras para alcanzar los objetivos establecidos.

Uno de los hallazgos encontrados fue precisamente que el FODA, solo se maneja en un ámbito cualitativo, es decir, basado en la apreciación subjetiva de quien lo elaboraba, sin embargo, no existía un rigor estadístico, que mida el peso de los puntos enlistados y por ende no se conoce el impacto que este puede tener en las decisiones de la empresa. La propuesta fue en su momento realizar una matriz que midiera los aspecto interno y externos de forma separada, las cuales se les conocen actualmente como MEFI y MEFE.

El diseño de estas matrices está elaborado en ún cuadro de cuatro vías, en la primera columna se enlista los factores internos o externos según sea el caso, se enumeran, en este caso es recomendable que el listado no sea en pares, si no en nones, la segunda columna se pondera tomando como base 1 entero y que se tendrá que prorratear entre los factores, la tercera columna se califica y esta varia del 0 al 4, donde cuatro es relevante , tres muy importante, dos importante, uno sin importancia ya la cuarta columna es el resultado de la multiplicación de la columna 2 por la 3 es igual a la cuarta.

Es decir, en MEFE O MEFI:

Lista de factores	Ponderación basada 1 (entero)	Calificación del 0 al 4	Peso ponderado

Una vez que se tengan los datos establecidos, se pueden graficar los datos en donde la columna 1 es lo que considera en el eje de las "Y" y el peso ponderado en el eje de las "x".

Por ejemplo:

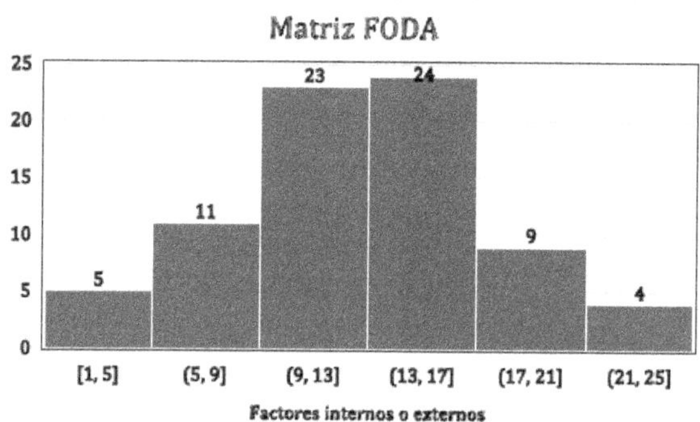

Una vez identificada los factores internos y externos y haber realizado la ponderación final, se puede iniciar con el diseño del objetivo general personal que representa de forma genérica que es lo que la persona desea alcanzar en su vida, después de pueden diseñar los objetivos específicos, con ello se pueden ir creando las diferentes estrategias operativas que la persona que lo realiza esta dispuesta realizar.

Este punto final es muy significativo, ya que como se ha mencionado al inicio de este artículo, es de suma importancia que todos en algún momento de la vida se inicie con esta práctica de realizar la matriz FODA personal, con el propósito identificar cuáles son sus potencialidades, pero también, estar consciente cuales serían esos hábitos, costumbre e ideologías que son necesarias de modificar, para alcanzar la plenitud de las metas personales.

También se sugiere que esta práctica de evaluación se ejecute por lo menos cada seis meses ya que existe mucha literatura que sugiere que durante este período las prioridades, deseo, gustos y cualidades de las personas puede sufrir cambios de forma natural y por supuesto también existe cambio externo que son importante identificar para conocer el impacto que tiene, en las decisiones tomadas previamente, así como ocurre en las empresas u organizaciones, lo que es constante es el **Cambio,** así que entre mayor informado se encuentren mejores Decisiones se pueden tomar.

LA DIRECCION PARTE ESENCIAL DE UNA EMPRESA

Una buena dirección primordial para el buen funcionamiento de una organización

El proceso administrativo y cada una de sus etapas la planeación, organización, dirección y control juegan un papel trascendental para la empresa. Después de haber planeado lo que deseas lograr, organizaste como lo vas a lograr, y en este momento llega la dirección que es una de las etapas del proceso administrativo, donde se consigue la realización efectiva de todo lo planeado a través de la autoridad, la cual se ejerce a base de las decisiones que se toman en esta etapa.

El papel que desempeña el administrador es básico, ya que su influencia es relevante en la en la ejecución de cada uno de los planes, debe lograr una respuesta efectiva de sus colaboradores por medio de una adecuada comunicación, una efectiva supervisión y no menos importante la motivación.

Porque es importante la dirección, por que provee a la persona correcta para el puesto adecuado además de que proporciona todos los elementos que se requieren para lograr la eficiencia en la ejecución del trabajo. Es donde se ponen en movimiento todos los lineamientos creados en las etapas de planeación y organización y de esta manera por medio de ella se alcanza la actuación esperada de los colaboradores.

Cuenta con principios que son primordiales como, de armonía del objetivo y coordinación de los intereses, la impersonalidad del mando, de la supervisión directa, de la vía jerárquica, de la resolución del conflicto y el aprovechamiento del conflicto.

Dentro de los elementos de la dirección están:

Integración es la función a través de la que el gerente o administrador selecciona y se agrega de los recursos necesarios para poner en circulación todas las decisiones establecidas con antelación para la ejecución de lo planeado. Comprende tanto el recurso humano como material de toda la organización.

Como puede obtener al personal adecuado para el puesto adecuado, mediante una seria de pasos que son el reclutamiento que consiste en lograr reconocer y atraer al candidato idóneo para cubrir la vacante de la organización, el cual se inicia con indagar posibles candidatos y termina en el momento que se recibe la solicitud de empleo. Que esta etapa sea adecuada depende de las herramientas con las que cuente para atraer la atención de potenciales candidatos.

La selección es otro elemento, es el proceso el cual, apoyado con una seria de técnicas y exámenes, por medio de las cuales el candidato tiene la oportunidad de solventar y convertirse en parte integral de la organización. Dentro de esas técnicas y exámenes están, solicitud de empleo, entrevista personal, curriculum vitae, exámenes de conocimientos (teóricos y prácticos), test psicométrico, investigación de antecedentes laborales, entre otros.

Otro elemento de la integración es la contratación, una vez que ya se tomó la decisión del candidato idóneo, corresponde la contratación del nuevo elemento, el cual pude ser individual o colectivo según corresponda. Es la manera de formalizar conforme a la ley la relación de compromiso, para poder legalizar los derechos y deberes del trabajador y la organización.

El siguiente elemento de la integración es la inducción, pero algunas organizaciones no le dan la importancia que tiene, creen que es un gasto que no tendrá beneficios sustanciales, pero con este elemento logras la incorporación completa del nuevo integrante al equipo de trabajo, dándole a conocer las normas, políticas, valores, costumbres, procedimientos, historia de la empresa, entre otros y de esta manera obtener la adaptación inmediata de este nuevo miembro.

En la capacitación le brindas al nuevo integrante el conocimiento, y buscas que desarrollen las habilidades para poder cubrir de una manera adecuada su nuevo puesto, mediante cursos, internos, externo en línea entre otros, llegando a ser una de las inversiones más productivas.

La toma de decisiones dentro de la dirección es fundamental, puesto que es donde se toman las decisiones dentro de diversas alternativas de cursos de acciones, teniendo una gran responsabilidad. Se debe definir el problema, analizarlo, evaluar las diversas alternativas, elegir entre ellas y por último aplicar la alternativa.

La comunicación es otro elemento fundamental dentro de la organización, se necesita que todo el personal este informado de cada uno de los cambios y situaciones que se presentan, pero no tan solo de manera interna también externa, y es indiscutible que fuera de la comunicación formal establecida dentro de la organización también se encuentra la organización informal.

La motivación es parte esencial para mantener el buen ambiente de trabajo, la palabra motivación deriva del latín motivus, que significa "causa del movimiento". Existen diversas teorías tanto individuales como grupales, así como teorías del contenido y teorías del aprendizaje o del enfoque externo. La motivación exige que exista una necesidad de cualquier índole.

El liderazgo es indispensable para que se puedan cumplir con los objetivos de la organización, el que un directivo o gerente sea jefe eso no implica que sean buenos líderes, y logren que sus colaboradores sigan voluntariamente sus indicaciones.

Algunos teóricos consideran que un líder nace con cualidades específicas para serlo. Lo cierto es que en la actualidad contamos con una gran variedad de estilos de liderazgo como: liderazgo transaccional, autocrático, transformacional o adaptativo, servidumbre, carismático, democrático, no intervención(laissez-faire), entre otros.

Y finalmente la supervisión, pero en este punto se debe tener mucho cuidado como se lleva a cabo esta actividad, para no hacer sentir incómodo a tu colaborador y que en todo momento se sienta acompañado y guiado de una forma correcta, por ese motivo es indispensable que cuente con ciertos conocimientos como: conocimiento del trabajo, de sus responsabilidades, habilidad para instruir, para mejorar métodos, para dirigir, proyectar y dirigir.

Se puede concluir, que cualquier empresa que realice una buena aplicación de todos los elementos de la dirección, estará en vías de cumplir con los objetivos de la organización y llevar a su empresa al éxito.

SALUD Y SEGURIDAD OCUPACIONAL SOMOS NOSOTROS.

La seguridad es de nosotros, la seguridad somos nosotros por eso debemos de tener conocimientos de la importancia que tiene en nuestra vida laboral.

La seguridad es un tema de vital importancia para todos nosotros. En una empresa los trabajadores tienen un valor importante ya que cada uno forma un pilar para que la empresa pueda crecer de gran manera haciendo que su productividad pueda llegar a su punto máximo superando las expectativas tanto de los clientes, trabajadores y dueños de la empresa.

Las empresas son una función vital en la vida humana ya que brindan trabajo para que puedan desarrollar sus habilidades y adquieran conocimientos a través de sus actividades y herramientas que les brindan al momento de ingresar a laborar para así poder aprovechar su potencial al máximo en sus áreas.

La salud es importante para los trabajadores y por lo tanto para la empresa ya que, si un trabajador está saludable puede tener la fuerza suficiente para seguir desarrollando sus actividades con excelencia, también debemos de considerar que todo esto tiene que ver en gran parte en cómo viven los trabajadores ya que su entorno influye en su salud para poder desarrollarse en su forma de trabajo en el área que esté destinado a laborar.

Actualmente en el 2020 las empresas vivieron una contingencia donde cambiaron su estructura y se vieron afectadas por distintos medios sin embargo se preocuparon por la salud de los trabajadores tomando medidas de precaución que ayudaron a mantener los con bienestar, al paso del tiempo las empresas tenían que abrir y utilizaron medidas de salud para que sus trabajadores pudieran laborar con cuidado sin poder infectarse, esto fue tomado como una estrategia por distintas empresas para que los trabajadores pudieran realizar sus actividades sin riesgo alguno al igual que podían mantener a sus familiares con bienestar ya que no serían infectados por el virus.

Las medidas de seguridad que se utilizaron ante esta contingencia fue que los trabajadores laboraron a una distancia aproximada de 2 mts, utilizarán cubre boca en todo momento y se desinfectaran tanto ellos como las áreas de trabajo para evitar ser contagiados al igual evitar que se propagara el virus.

La salud y seguridad ocupacional no sólo se encarga de ver la salud de los trabajadores sobre enfermedades sino también de mantener las áreas de trabajo con la mayor seguridad posible teniendo señalamientos y el equipo necesario para realizar las actividades de trabajo ya que los trabajadores tendrán conocimiento de los riesgos que podrían tener al no seguir las indicaciones que se presentaran por parte de la empresa.

Las malas condiciones de trabajo forman parte de distintas empresas es por ello que la salud y seguridad ocupacional se encarga de tener señalamientos disminuyendo los accidentes en las labores profesionales de los trabajadores sin tener graves consecuencias en los resultados de sus procesos de elaboración de los productos o servicios que se realizan teniendo en cuenta los equipos que necesitan para elaborar sus distintas actividades. La seguridad ocasiona una situación y un entorno saludable disminuyendo los riesgos en la productividad, los trabajadores deben de tener en cuenta las medidas de seguridad para trabajar ya qué la falta de conocimiento puede empeorar las condiciones de desempeño y volverlos más débiles antes los accidentes y las enfermedades que se presentan en las empresas.

Las tecnologías hoy en día son indispensables para la vida humana ya que cada uno de nosotros cuenta o quiere contar con la mejor tecnología que se va actualizando en todo el mundo, a través de ella descubrimos cosas nuevas que nos hacen ser mejores día con día o ayudan a realizar actividades día con día de una manera más fácil y rápida teniendo un desempeño mejor logrando sacar estrategias más eficaces que se puedan implementar de una manera más asertiva ante distintas situaciones que se lleguen a presentar a lo largo de nuestra productividad dentro de una empresa.

La tecnología va avanzando a pasos veloz y las empresas aprovechan adquirirlas para una mayor productividad aunque son el reemplazo de los trabajadores las máquinas industriales realiza un trabajo más impecable para las empresas aunque estas también deben de ser operadas por los seres humanos entonces deben de tener señalamientos para que los trabajadores puedan utilizarlas sin riesgo a tener accidentes ya que la falta de conocimiento para manejarlas puede ocasionar accidentes al momento de estar realizando su trabajo, es por ello que las máquinas deben de contar con un manual de instrucciones para que los trabajadores puedan realizar con mayor eficacia garantizando la seguridad del trabajador.

Se ha demostrado que la falta de seguridad ocupacional incrementa los errores en la productividad que se puede ver como riesgos de parte de las máquinas y trabajadores para la empresa. La empresa deberá estar consciente que debe de contar con servicios de salud que puedan brindar a los trabajadores para ayudar a mejorar su calidad en las diversas áreas, la seguridad del trabajador y la calidad de los resultados están relacionados ya que la capacidad humana para gestionar los procesos de los productos siempre debe de ser la máxima importancia para la empresa ya que de ello depende todas las actividades de los procesos de productividad.

Una estrategia de seguridad ocupacional sería la capacitación de la nueva tecnología que va adquiriendo la empresa para que los trabajadores sepan cómo manejar y elaborar los procesos por medio de ellas, también el saber qué es lo que deben de tener como precaución para no ocasionar accidentes y arriesgar su bienestar teniendo en cuenta lo que podría ocasionar en ellos al tener una falla en la ejecución de la máquina, se encargará una persona que sepa manejar la máquina de capacitar aquellos trabajadores que se encarguen de esas áreas donde se elaborarán y se llevarán a cabo las actividades con la tecnología que se está adquiriendo para una mayor productividad.

Los señalamientos que la empresa debe de aplicar para los trabajadores tienen que tener como objetivo cuidarlos, ser visibles para que puedan ubicarlos y tenerlos presentes, pero sobre todo evitar accidentes que puedan arriesgar el bienestar de ellos y el de la empresa o de más trabajadores que laboren alrededor.

Las empresas deben de brindarle a los trabajadores equipos necesarios para su cuidado ya sea por ruido demasiado fuerte que fuera llegarles ocasionar problemas en los oídos, lentes para cubrir demasiada claridad que puede entrar en áreas de trabajo, cascos para evitar que materiales puedan caerles en la cabeza evitando accidentes por golpes fuertes, al igual que debe de haber áreas con entrada de aire ambiental brindando aire natural a las áreas de trabajo para que los empleados puedan respirar aire fresco sin tener que respirar aire contaminado por algún material que se utiliza para la producción de los bienes.

La salud ocupacional la podemos identificar como aquella que debe de cumplir el bienestar de todos los hombres al momento de trabajar para que puedan tener seguridad al realizar su trabajo, las empresas deben tener a sus trabajadores como parte especial y perfeccionista de sus operaciones para que puedan llegar a cumplir sus objetivos implementando las mejores estrategias con los mejores equipos exigiendo mayor desempeño ya que le brindarán la mejor seguridad a los trabajadores esto para que se sientan protegidos en su desarrollo al trabajar, aprendiendo e incrementando sus conocimientos a través de la experiencia.

Las empresas ponen en riesgo a las personas cuando se realizan actividades para producir bienes o servicios, la salud se vuelve muy importante ya que cuenta cómo un valor que le da a la persona para poder aplicar su desempeño en las áreas de trabajo sin tener límites y evitando tener faltas por enfermedades teniendo en cuenta su entorno como anteriormente mencionamos eso tiene mucho que ver ya que su actividad se desempeña a través de su entorno ya que es algo que no podemos controlar pero dentro del trabajo podemos usar medidas para proteger su bienestar procurando tener estrategias que garanticen tener un trabajo seguro con mejores ambientes laborales que tengan mejores mantenimientos para que los trabajadores lleven su vida productiva de una manera eficaz y eficiente.

Laborar con seguridad también es responsabilidad de cada uno de los empleados ya que deben de entender que la seguridad es de ellos y deben de cuidar su bienestar en todo momento tomando sus acciones con responsabilidad para ejercer cada una de sus tareas no sólo viendo el incremento de la empresa sino también viendo su bienestar evitando tener accidentes que les ocasionen fuertes lesiones teniendo siempre claro que las únicas prioridades son ellos mismos.

Los trabajadores deben de ser cuidadosos al realizar sus actividades más cuando no cuentan con los conocimientos suficientes para realizar la actividad ya que el no saberlo puede ocasionar accidentes y no solo para ellos de manera personal sino para los demás compañeros, ya que si es un accidente grande que ocasiona problemas que no son posibles controlar y peligroso esto puede llegar afectar su entorno y con ello a los demás trabajadores que laboran a su alrededor afectandoles de la misma manera o aún más grave.

En toda empresa hay riesgos los cuales los trabajadores deben enfrentar y la empresa debe controlar para que tengan un mejor desarrollo en su productividad en los tiempos determinados que lo quieren tener y con las características que lo deseen estableciendo requisitos o características para aumentar la productividad por medio de los métodos que van a desempeñar con los sistemas que quieran implementar dentro de la empresa planificando cada uno de los pasos que se van a llevar a cabo para cumplir sus objetivos basado en la circunstancias en las que se encuentran la empresa.

La salud y seguridad ocupacional también se encarga de la higiene que deben de tener los trabajadores en las áreas de tarea de trabajo pero también en sus áreas para uso personal que brinda la empresa, esto lo debe tener en cuenta la empresa para llevar en orden un sector de suma importancia para los trabajadores ya que de estas áreas la higiene es de suma importancia para evitar enfermedades que pueden ser graves para los empleados y pueda causarles deficiencias en su desarrollo en la productividad al momento de realizar sus trabajos.

La falta de seguridad y salud en las áreas de trabajo deja desprotegidas a las personas que laboran en ella siendo afectadas por el ambiente laboral en el que están desarrollándose, es por ello que es importante tener áreas con condiciones justas y limpias para que puedan desarrollar sus actividades con mejores condiciones aparte de tener un mejor ambiente en sus emociones ya que un buen entorno influye en el mejoramiento de la aptitud de cada uno de los trabajadores al momento de desempeñar sus tareas ya que no solamente es tener el bienestar en la estructura de la empresa sino también en la parte mental y espiritual del trabajador teniendo un entorno más agradable.

Las empresas deben de contar con mejoras en las condiciones del trabajo para la salud de los empleados y teniendo en orden la estructura de la empresa evitando accidentes al igual que ver el mejoramiento en la colocación de las máquinas con las que se trabaja para que no puedan ocasionar problemas a la hora de trabajar, las áreas de los trabajadores deben de estar en orden y limpias para no ocasionar accidentes con los materiales que se utilizan que puedan estar en desorden que afecta el desempeño en la organización.

El bienestar de los trabajadores ante los accidentes laborales debe formar parte como un cumplimiento de la empresa o una obligación de la empresa hacia los trabajadores que controlen las situaciones de riesgo que puedan llegar a tener teniendo una evaluación de los accidentes que puedan ocurrir a través del tiempo y las circunstancias que se presenten con medidas preventivas que puedan ser utilizadas para el cuidado de los trabajadores, máquinas, productos y para la misma empresa.

Los esfuerzos de la empresa para mantener los trabajadores con salud y en buenas condiciones no son una pérdida más sino una ganancia, ya que gracias a ellos logramos los objetivos que tenemos a largo y a corto plazo ya que por la realización de sus actividades que desempeñan diariamente y los conocimientos que aportan a la empresa se pueden llegar a cumplir estos mismos, los trabajadores son la base para que una empresa pueda cumplir sus expectativas teniendo una máxima productividad con mejor desempeño.

La salud y seguridad ocupacional somos nosotros porque el bienestar que las empresas ven es por sus empleados y nosotros como empleados debemos de tener la capacidad para aprender a controlar y a usar adecuadamente los medios para nuestra seguridad en el entorno laboral, nosotros como trabajadores debemos de tomarle importancia a los señalamientos e indicaciones que nos presentan en los trabajos ya que la empresa lo hacen por protección a nuestro bienestar como personas, como sus trabajadores. La salud y seguridad ocupacional somos nosotros, y nosotros somos siempre lo primordial al igual que nuestra salud.

EL FLUJO DE EFECTIVO COMO INSTRUMENTO DE TRABAJO DEL ADMINISTRADOR FINANCIERO

A lo largo de nuestros estudios dentro de las aulas universitarias en las carreras de administración y contaduría e incluso desde nuestra época de bachilleres, si es que se llevó una especialidad en el área administrativa y contable, podemos descubrir que al asistir a las clases relacionadas con la contaduría, los programas educativos y los profesores, enfocan su atención en las primeras unidades en la elaboración de la balanza de comprobación, con la finalidad de que en las unidades intermedias se pudieran elaborar los dos principales estados financieros: el Balance General y el Estado de Resultados, lo anterior, con la finalidad de centrar su atención en las últimas unidades de los programas, en el aprendizaje y manejo de las razones financieras, para así, poder realizar el análisis a través de fórmulas que consideraban las relaciones que guardan entre sí los datos que arrojan los estados financieros previamente mencionados.

Sin embargo la información que manejan el Balance General y el Estado de Resultados, sirven principalmente de apoyo para la toma de decisiones a futuro, para decidir qué invertir, e incluso para determinar impuestos o pagos de utilidades a los trabajadores en caso de existir, es decir, no son estados financieros que apoyen en el quehacer diario de la empresa, algunos de los datos que nos ofrecen no son reales, por ejemplo en el Balance General, cuando se habla de la depreciación, la realidad es que es una forma de diferir un gasto que probablemente ya se realizó o en algunos casos no se ha realizado, en muchos casos la depreciación no está directamente relacionada con la forma en que fue pagado el bien o incluso con la vida útil del mismo, los mismo sucede con la amortización de seguros y de algunos bienes registrados dentro del activo diferido o en el caso del Estado de Resultados, en el concepto de ventas, habitualmente no se tiene registrado que ventas fueron en efectivo y cuales no se establece que porcentaje de dichas ventas fue a crédito y cuánto al contado, es decir, el hecho de que esté registrada una cantidad como venta, no significa que el cien por ciento de ella este cobrada y por lo tanto se está trabajando con un dato que no es real.

En la operación diaria de la empresa, sin importar el tamaño de la misma, es necesario tener identificado todos los ingresos que se obtendrán y el momento exacto en que serán cobrados, pues en base a ellos es como podremos determinar nuestra capacidad de pago y el límite del mismo, ya que en el momento en que se detecte que no podemos cubrir nuestras obligaciones inmediatas, debemos de recurrir a buscar y tener identificadas opciones de financiamiento interno y externo que nos permitan cubrir los compromisos previamente adquiridos.

Así también, debemos de tener el registro de todos y cada uno de los conceptos de egreso y la fecha específica en que debemos de cumplir con ellos, es decir, si nuestra empresa se dedica a comercializar productos, tenemos que tener identificados todos los gastos que realizamos adicionales a la compra del producto, por ejemplo los gastos de envío, los gastos de venta, los gastos de almacenamiento, los impuestos que se generen, etc., si por el contrario nuestra empresa se dedica a comercializar servicios debemos de tener identificados todos los costos relacionados con el proceso de producción, por ejemplo la materia prima y todos y cada uno de los elementos que forman parte del producto final, como envases, empaques, etiquetas, etc., además los salarios del personal que participa en la producción, la forma y fecha de pago, y los gastos indirectos necesarios para elaborar el producto. En ambos casos, tanto si comercializamos o producimos, tenemos que tener identificado cada uno de los gastos fijos, tales como energía eléctrica, teléfono, internet, salarios administrativos, agua potable, papelería, tintas para impresoras o en su caso renta de equipos de impresión, pago a créditos de diversas índoles, etc.

Flujo de efectivo

Una vez que contamos con esta información, estamos listos para utilizar un estado financiero básico denominado flujo de efectivo, flujo de caja o cash flow en inglés, el cual nos indica las operaciones de entrada y salida de efectivo en un periodo determinado, es decir nos indica el movimiento del dinero dentro de la empresa, la forma en que se gasta para comercializar o producir bienes y servicios para ofrecerlos en el mercado y el efectivo que recibe por venderlos en busca de cubrir sus gastos y obtener utilidades.

Objetivos del flujo de efectivo

Así también, el flujo de efectivo tiene como objetivos básicos:

• Proporcionar una idea veraz y oportuna sobre el manejo de efectivo de la empresa.
• Proporcionar información real y en tiempo a la administración para que esta pueda tomar decisiones correctas de financiamiento y aplicación de los recursos.
• Evaluar la facultad de una empresa para cubrir los compromisos contraídos con terceros.
• Identificar en cómo y en qué se gasta el efectivo.
• Desarrollar presupuestos en base a flujos de efectivo anteriores.
• Informar cuando existan excedentes de efectivo para no dejar ocioso ese recurso.

Elaboración del flujo de efectivo

En teoría se dice que existen dos métodos conocidos para elaborar un flujo de efectivo, el método directo y el método indirecto.

En el primero, se desglosan las entradas y salidas de efectivo, examinando una a una las partidas del Estado de Resultados y del Balance General, permite visualizar la generación del efectivo y cómo impactan nuevas inversiones en la empresa.

El segundo se enfoca en las utilidades que arroja el Estado de Resultados y a partir de ese dato, se suman las partidas que no representan una salida de dinero. En base a esto, se genera un flujo de efectivo restante de la operación del negocio en el periodo, separando las cuentas en entradas y salidas.

Sin embargo, cuando no se cuenta con información previa o completa, se puede realizar el análisis de cuentas partiendo de las ventas y posteriormente analizar cada uno de los gastos, la manera de realizar dicho ejercicio es la siguiente:

En una hoja de cálculo, se establece en el renglón superior a partir de la segunda columna las fechas que se van a abarcar, se recomienda que los dos primeros meses se trabajen de manera diaria y posteriormente se trabaje un acumulado mensual por lo menos de seis meses.
1.	En la primer columna y a partir del segundo renglón se anotará en orden los conceptos de ingreso y egreso, los conceptos de ingreso, incluyen el remanente de efectivo del día anterior, los ingresos del día (por ventas, rendimientos, aportaciones de socios o préstamos), en este rubro vital tener identificado los ingresos no solo de la venta diaria, también se puede dar el caso de tener ventas a crédito de periodos anteriores, los cuales coinciden con el cumplimiento de cobro en el día que se está registrando y esta es una de las grandes diferencias con cualquier otro estado financiero, el ingreso se considera solo hasta que se cobra y es ahí, donde se registra.

2.	Teniendo todos los conceptos de ingreso definidos, se suman para tener el acumulado de ingresos del día o del periodo, es probable que existan días que no se registren ingresos, en este caso solo se arrastrará el remanente del día anterior al total de ingresos.

3.	Posteriormente se identifica cada uno de los conceptos de gasto y costo de la empresa, en este rubro se anotarán el gasto y específicamente el periodo de pago, existen gastos fijos que es muy sencillo de determinar, como el pago de impuesto, la nómina del personal, el pago del consumo de energía eléctrica o del agua potable, pues tienen una fecha determinada de pago, así también los las fechas de vencimiento de créditos otorgados por proveedores o acreedores, pues habitualmente el incumplimiento con estos genera algún tipo de sanción, el cual puede ser una carga adicional de intereses o un castigo en el otorgamiento de compras a crédito, sin embargo existen otros gastos que es necesario tener perfectamente identificado el periodo de compra o estar al pendiente de los cambios que se realizan en las áreas que demandan los productos o servicios relacionados con dichos pagos, es decir, los pagos se deben realizar en tiempo, considerando la entrega de las mercancías relacionadas o el otorgamiento de los servicios de lo contrario se impacta directamente en el proceso productivo, por ejemplo, si la empresa se dedica a producir jugo de naranja embotellado en envases de un litro, el producto completo se integra por el jugo, una cierta cantidad de conservador, el envase y la etiqueta (o puede ser un envase tipo tetrapack que ya incluya la etiqueta en su presentación), parece sencillo, pero es realmente importante determinar la cantidad de cada una de las materias primas con la finalidad de que no se detenga la producción, si las etiquetas las venden por millar, y tardan cinco días para entregarnos el pedido a partir de las solicitamos, debemos en conjunto con el área de producción de estar al pendiente del periodo de recompra y esto se aplica a cada uno de los elementos del proceso productivo, por lo tanto se debe de tener un control estricto de los materiales e insumos que requiere el área de producción, además de que se debe de conocer ampliamente la capacidad instalada de la planta, porque por el lado contrario, sería incorrecto y una muestra de desconocimiento que se compraran insumos en exceso, ocasionando con esto la probabilidad de que se pierdan o desperdicien los insumos comprados en demasía. Al tener todos los conceptos de gasto registrados se suman y se obtiene el total de egresos del día o del periodo.

4.   Una vez que se identifica el total de ingresos y el total de egresos del día o periodo, se resta el segundo al primero y se obtiene el remanente o saldo del día, que será el primer dato que se anotará en el día o periodo siguiente

Consideraciones finales

Es importante mencionar que para lograr un correcto uso del flujo de efectivo en la operación del negocio, el remanente del día, que es el resultado de restar al total de ingresos el total de egresos, siempre debe de ser positivo, si dicho remanente es negativo, es decir, si los egresos son mayores a los ingresos, se debe de recurrir de manera inmediata a buscar financiamiento emergente al menor costo posible, es indispensable tener líneas de crédito que permitan mantener la operatividad diaria de la empresa.

También se debe de valorar que es mejor para la empresa, si conseguir un préstamo por los recursos necesarios para cubrir los compromisos financieros o renegociar las deudas pendientes aceptando la carga financiera correspondiente, se debe de seleccionar la opción más económica, evitando al máximo impactar en la imagen institucional, con la finalidad de evitar la pérdida de capacidad crediticia de la empresa, pues a futuro impactará en los periodos en que sea necesario solicitar nuevamente crédito.

Por último, es importante conocer todos y cada uno de los periodos de cobro a clientes y de pago a proveedores y acreedores, intentando en lo posible que los periodos de pago sean mayores a los de cobro, en caso contrario, cuando el cliente ponga las condiciones de pago debido su tamaño o volumen de compra, es recomendable, tener un cierto porcentaje de ventas al contado, pues si no logramos esto, nuestra dependencia del cliente será muy fuerte y por lo tanto se incrementará el riesgo.

MACROECONOMÍA

Proyecciones económicas para el año 2021

El año 2020 fue uno de los más complicados en todos los aspectos, especialmente en el sector económico, debido a los diversos cambios que se dieron empezó el confinamiento donde los negocios cerraron por un determinado tiempo causando que millones de pequeñas y medianas empresas a nivel mundial tuvieran que cerrar, junto con una de las mayores caídas de la bolsa de valores esto propiciado por el detenimiento de actividades comerciales a nivel internacional combinado con la caída del petróleo en crudo originó una crisis nunca antes vista en los tiempos actuales.

En el presente año (2021), existen diversas proyecciones debido a las acciones tomadas por diversos países, entre ella una que destaca mucho es la impresión de trillones de dólares por la Reserva Federal de Estados Unidos para generar liquidez a los principales bancos esto mediante préstamos a corto plazo, como se sabe la impresión de una cantidad de dinero debe ser de una manera adecuada para no generar inflación dentro de la economía de la nación, sin embargo, diversos analistas han pronosticado una alza en las tasas de inflación.

Estados Unidos de América tiene una influencia considerable en todo el mundo y un colapso inflacionario podría causar una crisis económica de niveles catastróficos al igual que la devaluación de su moneda la cual ha estado perdiendo valor en los últimos años, la principal razón es la pérdida de la confianza y el alzamiento de otras divisas como el Euro, sabiendo que la inflación causa un aumento de los precios en todos los productos causará un menor poder adquisitivo por parte de la sociedad y a su vez combinado por las fuertes tasas de desempleos causadas por la Covid-19 hace que sea menos alentador el futuro que depara a una de las mayores potencias mundiales.

Otro motivo que se debe considerar en estos tiempos tan excepcionales es el mercado dentro de la bolsa de valores más grande del mundo Wall Street, hace unos meses del año presente ocurrió un hecho nunca antes visto dentro del mundo financiero y este fue el Caso de "GameStop" en el cual un grupo de inversores pequeños compraron miles de acciones de dicha compañía la cual estaba en una situación crítica y al borde de la quiebra, y en la cual los principales fondos de inversiones de Estados Unidos como Melvin Capital estaban haciendo una venta en corto y así obtener ganancias apostando en contra de GameStop , debido a las compras que se hicieron por parte de miles de inversores pequeños causó que la valuación pasará de tener un valor por acción de 10 dólares a llegar hasta más de 300 dólares en tan solo unos días, debido a esto los pequeños inversores que se unieron para hacer una compra masiva lograron obtener ganancias considerables, sin embargo los principales fondos perdieron miles de millones de dólares en esa operación causando una gran incertidumbre dentro del mercado debido a la irracionalidad que se dio en estas operaciones lo que provocó una desconfianza muy grande de los fondos de inversión.

El mercado debe ser manera racional para poder seguir funcionando, sin esto puede causar mucho caos, como en este caso excepcional que sucedió en Wall Street , en la lógica normal se da un análisis a fondo junto con todas las características que conforma a la empresa en la cual nosotros queramos invertir, de esta manera uno tiene una mejor certeza en la inversión que se va a ejecutar, sin embargo al no haber ningún tipo de regulación pueden ocurrir sucesos como el caso GameStop, y a lo que podemos extrapolar a todas las empresas que se encuentran dentro de la bolsa de valores y como puede ser manipulable mediante compras masivas de acciones en cualquier empresa. También la gran cantidad de nuevos inversores ha hecho que empresas las cuales ya van a quebrar recuperen por un momento el valor de sus acciones, ocasionando una gran inestabilidad en el mercado e incertidumbre a su paso.

El último motivo que se encuentra se debe al momento tan complicado por el cual están pasando los gobiernos respecto a los ingresos que obtienen de la recaudación de impuestos, al haber un parálisis económico y comercial a nivel mundial ha causado que los ingresos que obtiene un Estado sean menores a los que están acostumbrados, lo que ha orillado a muchos países a reformar y cambiar sus leyes fiscales. Ocasionando con esto el aumento de impuestos en servicios o productos.

Estas reformas han ocasionado desestabilización en muchos países, un ejemplo de esto son las marchas que se hicieron en Chile debido a un decreto de Sebastián Piñera donde éste subía el precio a ciertos servicios públicos y en el cual ocurrió marchas masivas ocasionando diversas problemáticas a nivel social.

En estos momentos ha ocurrido el mismo suceso en el país de Colombia, donde se están dando al día de hoy marchas en contra de la subida de impuestos a los productos básicos y agregar algunos servicios que estaban exentos de impuestos el cual es la funeraria, al no haber una nación estable no hay un mercado para poder hacer transacciones o negociaciones ni en el interior como en el exterior del Estado, ocasionando un impacto en la economía de ese país.

Se prevé que haya más de estas reformas en diversos países incluyendo México, en un mundo actual lleno de dificultades y retos las decisiones que se tomen causarán una reacción que puede ser negativa o positiva según el contexto, y con la actual pandemia es insostenible que cualquier gobierno pretenda subir sus impuestos, y se ha demostrado con las múltiples manifestaciones que se han dado en Sudamérica.

Ningún país quiere tener un conflicto ya que esto deriva en un detenimiento del comercio y aún más en el momento clave cuando la economía está en proceso de reactivación. Sin embargo, es más que probable que sigan ocurriendo este tipo de reformas en más países.

En conclusión, se espera un año lleno de retos a superar entre los cuales se resaltan en el escrito son, la mala gestión económica de la pandemia que se verá reflejada en un futuro cercano, la falta de regulación dentro de la bolsa de valores y los problemas socio económicos en la administración de sus países.

FORMULACIÓN Y EVALUACIÓN DE PROYECTOS

Proyectos de inversión

Los proyectos surgen cuando una empresa quiere lanzar algún producto o servicio en el mercado o algún cliente requiere un servicio específico o simplemente cumplir alguna demanda o necesidad. Son una serie de actividades realizadas en conjunto para alcanzar un objetivo específico, en un determinado tiempo y espacio.

Los proyectos de inversión son una propuesta donde se realizan estudios técnicos, organizacionales y financieros que buscan resolver alguna problemática donde se utilizan los recursos humanos, materiales, tecnológicos y financieros, dicha propuesta se realiza a través de un documento que detalla la formulación del proyecto así como su evaluación financiera la cual se realiza con el fin de saber si es viable su realización o no.

Su importancia radica en que muchas veces son el motor para que se desarrolle económicamente una zona, región o país, puesto que impacta en el crecimiento económico y los beneficios sociales del área de impacto. Además de cubrir necesidades que las personas demandan y que muchas veces son de alto impacto para que se dé un amplio desarrollo a nivel local, municipal, estatal o federal.

La formulación y Evaluación de proyectos son dos procesos diferentes, la formulación de un proyecto sirve de marco referencial para la evaluación del proyecto. La formulación es la primer etapa en la cual surge la idea de proyecto, como primer paso debemos diagnosticar y analizar la problemática que se quiere resolver, realizar un antecedente de la problemática, delimitar el problema, buscar sus causas y efectos que lo generan, establecer objetivos que se desean alcanzar así como las alternativas de solución, además se debe realizar un análisis estratégico para poder determinar las posibles fortalezas, oportunidades, debilidades, amenazas que presenta el proyecto de inversión.

Como segundo paso, se debe realizar un estudio de mercado donde se realice la segmentación de mercado y podamos identificar el tipo de población que impactará el proyecto, que producto o servicio satisface las necesidades que ellos demandan, para ello se debe realizar un análisis de demanda y oferta para que con base a los resultados obtenidos se creen estrategias comerciales que nos ayuden a llegar al mayor número de clientes potenciales. No debemos olvidar el realizar también el análisis de precios para determinar qué costo tendrá nuestro producto o servicio.

Como tercer paso, se debe establecer lo relativo a la ingeniería del proyecto que consiste en el estudio técnico de la idea de negocio, en ella se realizará una descripción detallada del tamaño, localización, distribución de la planta, obra civil y construcciones de nuestro negocio, así como las materias primas y la maquinaria y equipo que necesitaremos para realizar nuestro producto, definiremos los procesos de producción, los programas de ejecución, administrativos, de capacitación y asistencia técnica así como los programas de producción de nuestro proyecto de inversión.

También se determinarán   lo relativo al cumplimiento de las normas sanitarias, ambientales y demás, esto dependerá del tipo de proyecto de que se trate.

Como cuarto paso, se debe realizar el diseño organizativo y administrativo de la empresa esto es el estudio organizacional del proyecto de inversión.

En este apartado de lo primero que hablaremos será de los antecedentes de nuestra empresa, es decir cómo surge, que ha realizado, detalles históricos importantes que podemos mencionar, también se puede dar a conocer detalles de sus fundadores, hasta llegar a la situación actual de la empresa.

Posteriormente, según sea el giro de nuestro negocio procederemos a darle la figura jurídica a nuestra empresa. Para lo cual es necesario conocer   el tipo de empresa que constituiremos, esto con la intervención de un notario. Constituida nuestra empresa procedemos a realizar todo lo relacionado a lo administrativo de una empresa (visión, misión, objetivos, organigramas, descripción de puestos ….)

Hasta este punto hemos hablado de manera general de la primera parte de un proyecto, ahora hablaremos de la segunda parte que corresponde a la evaluación.

Esta segunda etapa es importante ya que nos permite evaluar financieramente todo nuestro proyecto   de manera que, a través de la realización de presupuestos de inversión, sabremos el monto de inversión inicial que necesitamos para iniciar. Se proyecta como estará integrada esa inversión inicial, si el capital será propio o si habrá un financiamiento, que monto será financiado, la tasa de interés y el plazo en el cual se pagará. Se realizará los pronósticos de ingresos y egresos que nos ayudan a predecir el comportamiento de las empresas con respecto a las entradas y salidas por ventas generalmente. Los estados financieros proforma correspondientes tales como el estado de resultados, el flujo de efectivo, y el balance general, se determinará el punto de equilibrio que nos indica el nivel de ventas que debe tenerse para cubrir los costos fijos y variables, y así poder estimar a partir de cuándo el negocio empezará a generar ganancias.

El costo beneficio que nos indica que tan rentable es la inversión con relación a los beneficios obtenidos, determina si el proyecto es rentable o no.

El VAN y el TIR que nos sirven para determinar la viabilidad y también la rentabilidad del proyecto, el Van nos indica el año en que recuperaremos la inversión realizada y el TIR nos indica la tasa a la cual se recuperará la inversión inicial de nuestro negocio transcurrido determinado tiempo. El periodo de recuperación de inversión y la sensibilidad del proyecto.

Todo lo anterior nos indicará con base a los resultados si nuestro proyecto es rentable o no. Por último, también se deberá realizar la evaluación de los impactos ambientales, ecológicos y sociales buscando que siempre sea un impacto favorable del proyecto y si no fuera así se deben tomar medidas y correcciones que disminuyan el efecto negativo que se pueda generar.

RECUPERAR LA CREATIVIDAD CON EL JUEGO

El declive de la creatividad

En el año de 1958, mucho tiempo antes de que seguramente la mayoría de los presentes lectores de este párrafo hubiéramos nacido, el investigador Elis Paul Torrance, psicólogo estadounidense originario de Milledgeville, Georgia, empezaba un estudio en niños de 8 años, en total unos 400 niños del estado de Minneapolis, los mismos que cursaban el 3er grado de nivel primaria, para medir la creatividad en cada uno de los niños.

La prueba, diseñada por el Dr. E. Paul Torrance y su equipo consistía en una serie de preguntas y retos de diversas características, donde se les solicitaba a los niños que dieran soluciones o propuestas a diversos planteamientos, para lo que el equipo tomaba nota de los resultados que se obtenían en cada una de ellas. Un ejemplo de una pregunta presentada en la prueba era la petición de proponer mejoras a un carro de bomberos de juguete, para que fuera más divertido para ellos mismos. En promedio los niños entregaban una lista de hasta 25 propuestas para la mejora del juguete. En otra prueba se les presentaba una figura dibujada en papel, muy elemental, pocas líneas y se les solicitaba que completaran las líneas dándole un nuevo significado, el que ellos quisieran. Los resultados mostraron que en menos de 2 minutos los niños entregaban un dibujo con resultados poco convencionales asombrando a los investigadores por el ingenio de las ideas presentadas en el diseño. Ahora bien, el sentido más importante de la investigación fue que iba a ser una investigación la cual seguiría el desarrollo académico y personal de cada uno de los niños, es decir que se dio seguimiento mientras los pequeños crecían y llegaban a los estudios secundarios, preparatorianos y universitarios, además de continuar hasta su desempeño laboral. Desde entonces la metodología de la investigación continuó, tomando una nueva generación de niños y aplicando las pruebas y retos para medir los promedios de las respuestas y sus propuestas, dando el seguimiento de estos durante su desarrollo hasta su vida adulta y laboral o profesional.

De los resultados de las investigaciones de la generación de los primeros niños, los cuales se hicieron adultos jóvenes en los años 70´s, se observó que fueron capaces de trabajar como: diseñando propuestas de patentes en inventos originales, siendo emprendedores de negocios, investigadores, periodistas, autores de libros, bailarines, locutores de radio, pintores, diseñadores gráficos, programadores de software, publicistas, diseñadores de hardware, compositores musicales, líderes de opinión, arquitectos e ingenieros. En resumen, la correlación entre los puntajes más altos de nivel creativo siendo niños y sus logros como adultos jóvenes fue 3 veces más importante que el nivel de coeficiente intelectual o conocimientos. Ahora bien, dentro de la propia investigación se mantuvo la evaluación de ambos datos, tanto el nivel de creatividad, así como el IQ (coeficiente intelectual) de los niños. Se observó que ambos crecían en paralelo hasta el año de 1990, donde se identificó que el IQ siguió subiendo sin embargo el dato de la capacidad creativa empezó a bajar y no ha parado desde entonces. Esto indica que, si bien los niños y jóvenes de hoy tiene a su alcance más información para incrementar sus conocimientos, su nivel creativo sin embargo se ha venido marchitando en ellos.

Si tomamos en cuenta la relación de los datos que se observaron en los adultos jóvenes de los años 70´s que desde cuando eran niños en el 58 mostraban un alto nivel de creatividad y que lograron una vida rica en desarrollo profesional, laboral y de innovaciones en muchas áreas, que aunque no tuvieran un IQ tan alto, por carecer de tecnología a su alcance, y la contrastamos con los datos que hoy tenemos, donde nos enfrentamos a un escenario a la inversa, donde niños y jóvenes adultos quienes a pesar de contar con mucha tecnología a su alcance observan una notoria carencia en las innovaciones y propuestas originales en todos los ámbitos del desarrollo profesional y laboral, nos debe poner en alerta a nosotros los que estamos en el ámbito educativo para identificar cómo podemos colaborar para contrarrestar este escenario. Un egresado de nivel universitario que padece de un nivel creativo bajo se enfrenta a una competencia fuerte y en desventaja al ingresar en el campo laboral, siendo poco capaz para generar nuevas oportunidades ya sea en la empresa donde labora o en el emprendurismo, por la carente generación de ideas que generen nuevas oportunidades de negocio o soluciones más eficientes y de alto impacto a los retos y problemas que actualmente enfrentamos.

El trabajo de los dos hemisferios

La creatividad en nuestro cerebro trabaja de la siguiente manera. Hablamos de pensamiento Divergente y pensamiento Convergente. Cada vez que nos enfrentamos a un problema se activa el lado izquierdo del cerebro el cual busca datos basados en nuestras experiencias más inmediatas y comunes, es decir, revisamos de las situaciones más recientes si encontramos la solución a lo que nos enfrentamos. Sin embargo, si la solución no está ahí, se activan ambos hemisferios, izquierdo y derecho, buscando en el derecho ideas más antiguas, poco convencionales y cuando las encuentra la manda al hemisferio izquierdo para ver su posible aplicación. Hemisferio izquierdo Converge y el hemisferio derecho Diverge. Es la combinación entre la parte lógica y la parte imaginativa. Trabajan ambos en armonía, así como se evalúa la propuesta que se origina para en su defecto volver a empezar. Cabe destacar que a este proceso se debe tener paciencia y además se debe saber obtener los datos suficientes (investigar) y de buena fuente para poder trabajar de forma eficaz con ambos hemisferios, así como es importante el trabajo en ambos lados ya que si solo nos quedamos en el lado divergente, nos quedamos con ideas que son tan extrañas que no pueden ser aplicadas y a la inversa, si nos quedamos solo en el lado convergente no logramos proponer ideas nuevas y solo seguimos en lo mismo que hemos hecho antes.

Basados en otros estudios sobre los efectos de la televisión, el internet, las diversas pantallas a las que estamos expuestos como celulares, tabletas y monitores de computadoras en la niñez durante su desarrollo, se conoce de la baja en la capacidad para poner atención, la deficiencia en la habilidad de la lectura y redacción, dando origen al fenómeno de la analfabeta funcional, que se traduce como alguien que sabe leer y escribir pero que le cuesta mucho trabajo hacerlo. Y si a esto le añadimos la baja del nivel creativo, nos encontramos a que nuestros alumnos enfrentan una seria situación de desventaja frente a sus oportunidades de poder ingresar en empresas de nivel mundial, el desarrollo del autoempleo (emprendurismo), la investigación y la innovación. También podemos destacar la fragmentación y rapidez con que nos estamos acostumbrando a tratar con la información que llega a nosotros, ya sea por las redes sociales, Facebook, Instagram, Twitter, YouTube, TikTok, se presenta veloz, fragmentada, la mayoría de las ocasiones sin contexto, de consumo efímero. Esto no beneficia a la parte creativa y tampoco a nuestro desarrollo cognitivo. Es por ello que en varias universidades y centros de investigación a nivel mundial se está estudiando las estrategias para poder contrarrestar estos fenómenos y ayudar a fortalecer de nuevo nuestras capacidades mentales en toda su plenitud. Si queremos que ambos hemisferios puedan trabajar en armonía para que nuestra parte divergente y la parte convergente funcionen como una sola máquina con los engranes bien conectados, necesitamos poner manos a la obra para fortalecer a los mismos e identificar los límites que debemos poner a la forma en que usamos la tecnología en nuestro diario vivir.

El logro del juego

En las opciones que se encuentran para un adecuado estímulo de ambos hemisferios y la activación de la creatividad, ya que la parte divergente y convergente se necesitan para poder enfrentarlos, es el juego. El juego en todas sus expresiones como: juego en exteriores, donde se corre, salta, esconde, ya sea deportivo o totalmente imaginativo y el juego de mesa, que va desde el ajedrez, damas chinas, hasta los juegos actuales más modernos, son ejemplos de excelentes herramientas para la activación de la creatividad. En estos ambos ejemplos se tiene como característica importante la interacción entre las personas que juegan o compiten entre sí, ya sea en lo individual o en equipo unos contra otros. En lo particular concentramos nuestra atención en los juegos de mesa que se desarrollan principalmente en los países de Alemania, Francia, España, Estados Unidos y países Nórdicos. Esto a que como industria se han desarrollado mucho mejor en estos últimos 20 años. Más allá de los juegos de mesa tradicionales que se pueden comprar en las jugueterías en la república mexicana, estos países han explorado las posibilidades que un tablero de cartón, cartas, dados y fichas pudieran ofrecer. Existe una creciente industria de autores, diseñadores y editores de juego de mesa que cada año ofrecen al mercado nuevos títulos con ingeniosas situaciones de juego que verdaderamente activan los hemisferios y otorgan experiencias gratas e inolvidables. El premio anual en Alemania llamado el "Spiel des Jahres" creado desde 1978, premiando al mejor juego de mesa del año, el mejor juego de mesa para niños del año y el mejor juego de mesa complejo del año, a ayudado a que esta industria esté en constante mejora, ofreciendo títulos para todos los gustos y de diversos niveles de complejidad. Por ejemplo, están los juegos cooperativos donde todos los jugadores deben trabajar en equipo contra en juego, de tal manera que o todos vencen al juego o el juego los vence a todos, un excelente ejercicio para valorar las habilidades de comunicación que tienen las personas cuando están trabajando juntas. En otro ejemplo tenemos a los juegos competitivos, donde cada jugador se enfrenta a los demás, presentándose además las variantes de posibles negociaciones, traiciones, estrategias y planes para ganar. Todas estas opciones son un buen inicio para incorporar en nuestras sesiones de trabajo en clase para dar un tiempo a la activación de los hemisferios, divergente y convergente, ya que siempre que se enfrenta uno a un juego, estos entran en acción, además de que tenemos el beneficio de la interacción humana la cual siempre es necesaria entre individuos y más cuando se da en condiciones de armonía y calidez.

Es por ello por lo que como cierre de la presente exposición se sugiere que, como una alternativa en las estrategias para recuperar las habilidades creativas, el juego de mesa es una de las mejores opciones por su practicidad y pertinencia, para llevar al salón de clases, dando a nuestros alumnos una oportunidad de poner a trabajar sus mentes, enfrentándose a las dinámicas del juego. De igual forma la promoción de la lectura de novelas de cualquier género, los ejercicios de redacción y la sugerencia de una moderación a las exposiciones a las redes sociales, son herramientas que ayudan al fortalecimiento de nuestra concentración, expresión escrita y comprensión de textos extensos. Como pilón se puede mencionar la estrategia de "La Resolución Creativa basada en Problemas" como otra herramienta más para crear clases que den prioridad en la activación de los hemisferios y presenten a alumno en situaciones semejantes a la vida real y laboral, pero eso ya es arroz de otro capítulo.

Haga su Ludoteca y rescatemos la creatividad con el poder del juego.

"OFERTA Y DEMANDA"

¿Qué es la demanda?

En el ámbito de la economía, conocer el termino de demanda es esencial para el entendimiento de muchas actividades que se relacionan con esta gran ciencia, es por ello que a continuación se explicará de una forma sencilla lo que es la demanda y otros factores relacionados con ella.

En palabras concretas, la demanda en el área de economía se encuentra como la solicitud de los consumidores para la adquisición de un bien o servicio que logra satisfacer sus necesidades.

La cantidad demandada de cualquier producto o servicio es el monto total que los consumidores están dispuestos a adquirir mediante un lapso de tiempo específico a un determinado precio, con el fin de satisfacer alguna de sus necesidades. Un ejemplo podría ser la compra de zapatos escolares, pues la mayoría de los niños que asisten a escuelas de educación inicial o básica, se encuentran en etapa de crecimiento por lo que es natural que deban cambiar de zapatos cada 1 o 2 años, por lo tanto, cada inicio de curso, la demanda de zapatos escolares aumenta, puesto que una gran cantidad de padres están dispuestos a adquirir ese producto.

Sin embargo, es necesario recordar que existen determinantes que harán que la demanda aumente o disminuya, dependiendo de los cambios que estos adquieran.

Tales determinantes se pueden englobar en los mencionados a continuación:

- Precio de dichos bienes

- Precio de los bienes relacionados

- Población que busca adquirir el bien

- Preferencias de los consumidores

- Expectativas de los consumidores

- Ingreso de los consumidores

Uno de los determinantes más influyente en este ámbito, es el precio, el cual se explica claramente mediante "La Ley de la Demanda". Esta ley explica que, si el precio aumenta mientras que el resto de los determinantes de la demanda (mencionados anteriormente) permanecen constantes, la demanda por consiguiente tenderá a disminuir; en cambio, si el precio disminuye mientras que el resto de los determinantes permanecen constantes, la demanda tenderá a aumentar.

- Aumento de precio + **Determinantes constantes** = Disminución demanda
- Disminución de precio + **Determinantes constantes** = Aumento de demanda

Recordemos que el precio es la cantidad de dinero que los consumidores están dispuestos a entregar a cambio de un bien.

Ya que entendemos la ley de la demanda, es momento de explicar la curva de demanda, la cual la encontramos en una gráfica representado la relación existente entre el precio de los bienes o servicios y la cantidad demandada que los consumidores están dispuestos a adquirir.

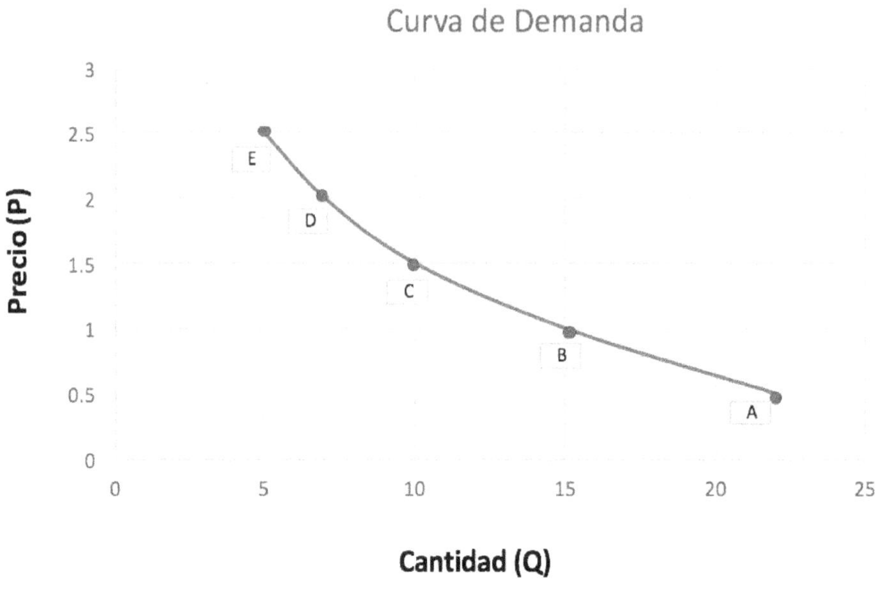

¿ Qué es la oferta?

Cuando hablamos de oferta usualmente pensamos en algo que se ofrece en el comercio a cambio de un precio; y en efecto, en la economía llamamos oferta a todos aquellos bienes y servicios que se ofrecen y están disponibles en el mercado para ser consumidos. Se tiene que resaltar que cuando una empresa está dispuesta a ofrecer un bien o servicio primero elabora un plan o estrategia para saber cómo producirlo y venderlo. Además, cuando una empresa cuenta con los recursos necesarios y la tecnología para poder hacerlo toma la decisión de qué es tan factible tecnológicamente producir y al mismo tiempo satisfacer las necesidades de los consumidores o incluso llegar a crear aquella necesidad.

La cantidad ofrecida que las empresas planean vender a un precio y en un momento determinado (Es lo que los vendedores quieren y pueden vender) se ve influenciada por diferentes factores, tales como:

- El número de proveedores

- Número de vendedores

- La tecnología

- Costo de producción

- La organización del mercado

- El clima

- El precio del bien

- Precios esperados en el futuro

- Precios de bienes sustituidos en la producción

- Precios de los bienes complementarios en la producción

En diversas ocasiones las empresas productoras no necesariamente venden toda la cantidad ofrecida, a veces la demanda es menor. Para ello la empresa mantiene constantes todos los demás factores que intervienen en los planes de venta y el precio del bien o servicio varía dependiendo la demanda que se solicite en el mercado.

Entonces si los demás factores se mantienen constantes ¿qué impacto tiene la demanda a la hora de pagar por el bien o servicio? Esto lo explica mejor la ley de oferta. Esta nos dice que cuanto más alto sea el precio de un bien, mayor será la cantidad ofrecida de éste, pues claro lo que la empresa quiere es recibir un beneficio de aquello que produce, y cuanto más bajo sea el precio de un bien, menor será la cantidad ofrecida del mismo, esto último debido a que la empresa al menos lo que necesita es recuperar su costo marginal.

Hay que recordar que la oferta no existe sin la cantidad demandada. La relación que ambas tienen se puede ilustrar en la llamada curva de oferta, recordemos que la oferta es toda relación que hay entre los precios y las cantidades que se van a ofrecer de los productos, en cuanto a la cantidad ofrecida la podemos encontrar cuando a un determinado precio analizamos la cantidad que se puede ofertar, en la curva se representa con un punto. La oferta en sí nos enseña la relación de todas las cantidades ofrecidas cuando se ven los distintos niveles de precio.

La gráfica siguiente de una empresa productora de dulces nos muestra la cantidad ofrecida y su relación con el precio.

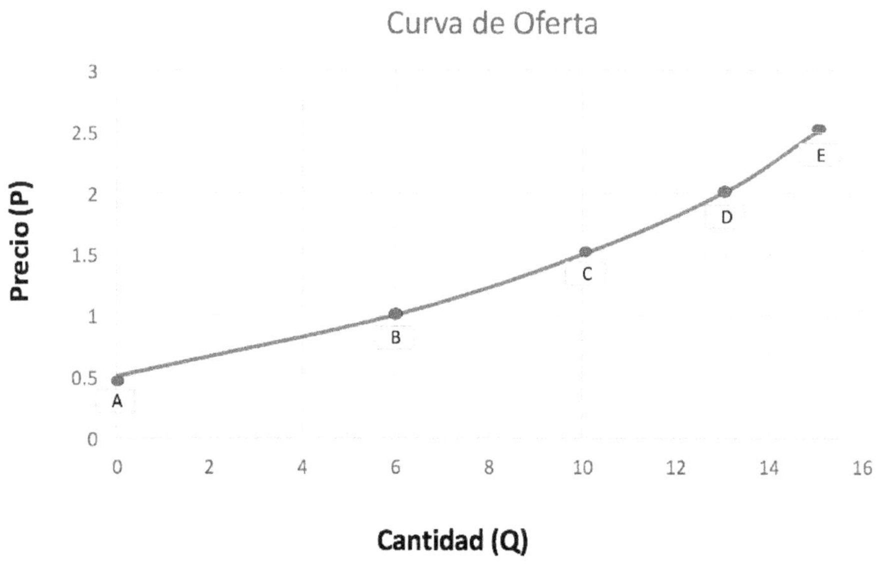

Equilibrio del mercado

Como se ha explicado con anterioridad sabemos que la oferta y la demanda dependen de la cantidad y el precio que la empresa (en el caso de la oferta) esté dispuesta a ofrecer y para la demanda la cantidad que esté dispuesto a comprar el consumidor. Para poder mantener este equilibrio son importantes los factores ya mencionados, el precio (P) y la cantidad (Q).

El equilibrio de ambas partes radica en una gráfica, cuando la curva de la oferta y la demanda se interceptan. Sabemos que existe un equilibrio cuando el precio y las cantidades demandadas y ofrecidas son iguales. Entonces podemos decir que cuando la cantidad que quieren comprar los consumidores (Demandantes) a ese precio coincide a la cantidad que las empresas quieren vender (Ofertantes) se le llama equilibrio.

Supongamos que una empresa de barniz de uñas está dispuesto a vender 600 unidades a un precio de \$3 dólares por unidad. Si los consumidores están dispuestos a comprar la cantidad ofrecida de 600 unidades de barniz de uñas a ese precio, entonces decimos que hay un equilibrio a un precio de \$3 dólares y una cantidad de 600 unidades. Es decir, la cantidad ofrecida de barniz de uñas coincide con la cantidad que el demandante quiere comprar a ese mismo precio con la cantidad que el ofertante quiere vender.

Desequilibrio del mercado

El desequilibrio es un factor que se debe tomar en cuenta, ya que, en cualquier economía llega a suceder dicho evento, puesto que, a pesar de que el resto de los factores que influyen en la oferta y la demanda sean constantemente estables, si el precio varía podríamos llegar a un desequilibrio de excedente o de escasez.

El desequilibrio de excedente es la consecuencia del aumento del precio que se refleja en el mercado rebasando incluso el precio de equilibrio. Recordemos que el precio de equilibrio es el precio que se establece cuando las cantidades ofrecidas son igualmente a las cantidades demandadas (se produce lo que se consume, no más y no menos).

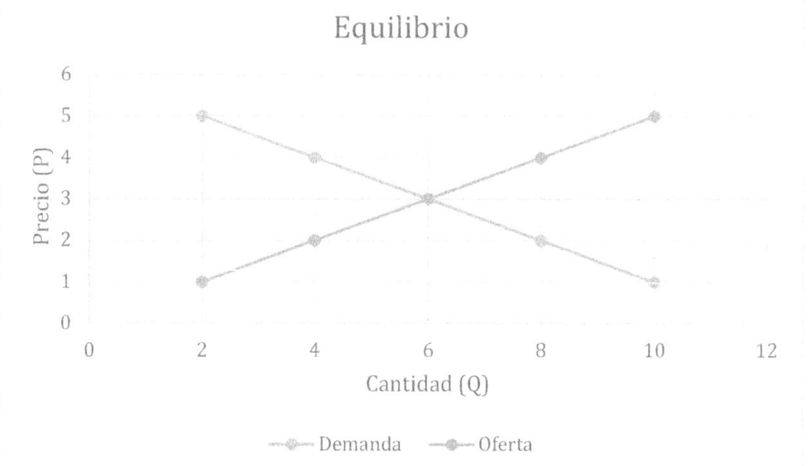

Poniendo un ejemplo, es como si un lápiz labial se encontrara en el mes de mayo en $150, ubicándose en el precio de equilibrio donde todo lo ofrecido es demandado; sin embargo, si el labial llega al mes de junio sin ningún cambio en los factores que modifican la oferta ni demanda a excepción del precio cambiando a $250, esto causaría que las cantidades ofrecidas del producto aumentaran y las cantidades de demanda disminuyeran, teniendo entonces mayor oferta que demanda, y esto vendría siendo un desequilibrio de excedente.

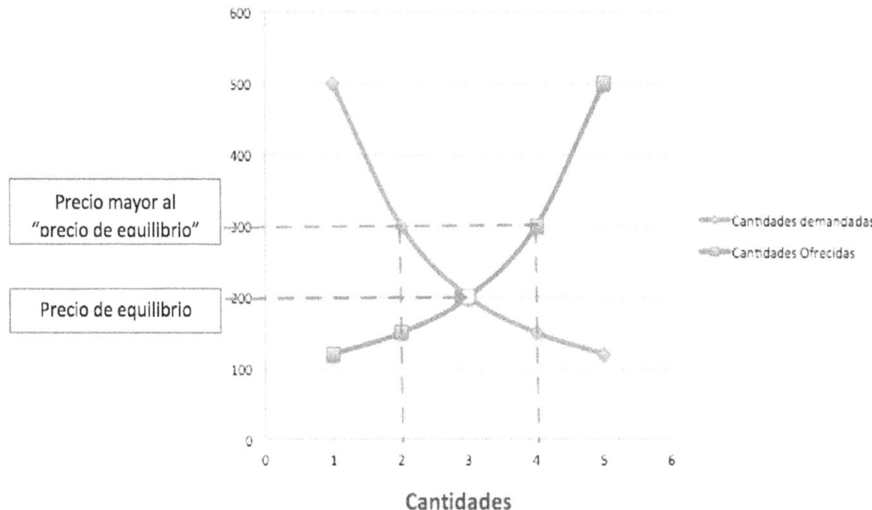

En cuanto al desequilibrio de escasez, se presenta cuando el precio que se refleja en el mercado es menor al precio de equilibrio. Esto causa que la cantidad demandada sea mayor a la cantidad ofrecida. En otras palabras, nosotros como consumidores solicitaríamos más productos de los que generarían las empresas.

Gráfica de Deseauilibrio de Escasez

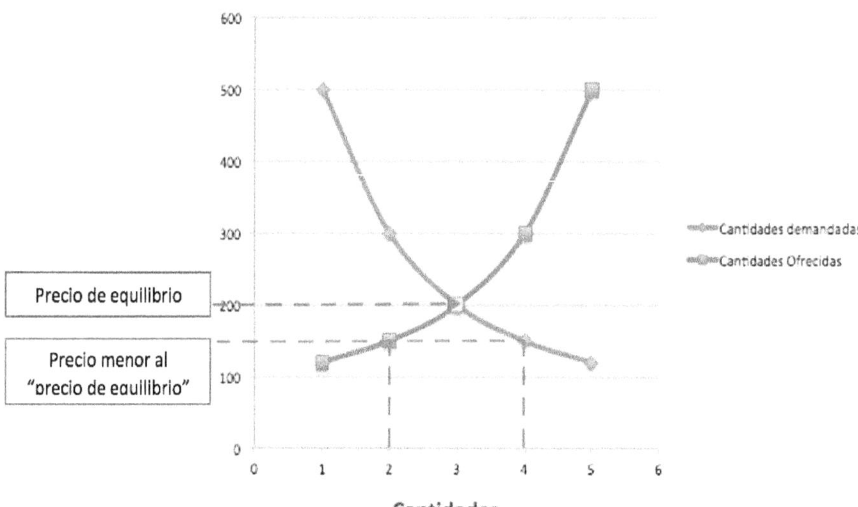

LA IMPORTANCIA DEL RECLUTAMIENTO Y SELECCIÓN DE PERSONAL EN UNA EMPRESA

La selección de recursos humanos es la elección de las personas adecuadas para ocupar un puesto al interior de una organización, y a un costo adecuado que permita la realización del trabajador en el desempeño de su puesto, y el desarrollo al máximo de sus habilidades y potenciales, a fin de hacerlo más satisfactorio así mismo y a la sociedad en la que éste se desenvuelva, para contribuir de esta manera, al alcance de los objetivos de la empresa.

El proceso de reclutamiento y selección de personal en una empresa es de suma importancia para la adecuada operatividad de la misma, puesto que, si no seleccionas bien a tu personal, no podrás alcanzar los estándares de calidad deseados. Tendrás personal que no te será de mucha utilidad y requerirá capacitación constantemente mientras cometes errores en tus funciones cotidianas.

Al seleccionar a las personas que tengan mayor capacidad para desempeñar algún trabajo en la empresa, se incrementan los niveles de satisfacción laboral y se puede con esto cumplir de mejor forma las expectativas de los clientes, ya que cuentan con intereses similares a los de la organización, incrementas la productividad y la calidad, esto lo agradecerán tus clientes.

Para la selección eficaz de personal se requiere una clara comprensión de la naturaleza y propósito del puesto que se va a cubrir. Se deberá realizar un análisis objetivo de los requerimientos del puesto, y en la medida de lo posible se tiene que diseñar el empleo para que cumpla con las necesidades tanto de la organización como las personales. Entre otras consideraciones a tomar en cuenta se encuentran también las habilidades requeridas, puesto que estas varían con el nivel de jerarquía organizacional.

Hay 3 conceptos que son vitales de comprender para realizar de mejor forma el proceso en mención. Estos son los siguientes: Reclutamiento, fuentes de selección y selección de personal. Analicemos a detalle la importancia que tiene el hacer de manera correcta cada uno de dichos elementos.

Reclutamiento: Es el proceso en el cual se eligen los candidatos después de haber publicado la vacante en una fuente de reclutamiento. Si el reclutamiento que llevemos a cabo no esta bien hecho, no se podrá esperar de ninguna manera que el proceso de selección sea el más adecuado, pues si no tenemos la capacidad de juntar a los mejores prospectos, no tendremos muchas alternativas para seleccionar de entre los candidatos al mejor.

Fuentes de reclutamiento: Es el medio por el cual se publica una vacante, puede ser redes sociales, portales de internet como OCC, Buscajobs, Computrabajo, etc.

Entre más confiable sea la fuente, más serio será el reclutamiento, y sin duda, más exitosa será la selección. Debemos entender que hay métodos que funcionaron en otras épocas pero que ya no es posible hacerlos funcionar en la actualidad, la globalización les exige a las empresas a utilizar las Tecnologías de información y Comunicación.

Dentro de las fuentes de reclutamiento que en la actualidad más se recomiendan están las siguientes:

- Recomendaciones del propio personal de la empresa.

- Publicaciones en bolsas de trabajo.

- Intercambio de carteras con otras empresas del mismo giro.

- Universidades públicas y privadas.

- Volanteo y perifoneo.

- Publicar en las diversas redes sociales.

- Publicar en periódicos de circulación cercana a la empresa.

- Consultar los archivos de la empresa.

- Anuncios en la entrada de la empresa.

- Contacto con sindicatos y asociaciones.

Selección: Es el proceso que se genera para la elección de candidatos viables, después de la aplicación de filtros como entrevistas, evaluaciones e investigación de referencias.

Una selección adecuada no solo te evitará tener problemas a la hora de trabajar, sino que también te resolverá muchas situaciones relacionadas con el desempeño de sus funciones. Si contratas al personal adecuado para el puesto adecuado, encontrarás la solución a muchos problemas.

La selección de personal idónea en las empresas es de gran importancia para su éxito, genera múltiples beneficios importantes, por esta razón es necesario que el departamento de Recursos Humanos elabore una clara descripción del puesto, evalúe diferentes síntesis curriculares y realice entrevistas a potenciales candidatos, todo esto con la finalidad de determinar cuales son los que se adecúan al puesto requerido.

Hay cuatro tipos de pruebas de selección:

1. Pruebas profesionales (Conocidas también como pruebas de conocimiento.

2. Test de personalidad.

3. Test psicotécnico (Incluyen test de inteligencia y aptitudes).

4. Pruebas conocidas como dinámicas de grupo.

No importa cuál es el tipo de pruebas que selecciones, pero debe ser una que domines a la perfección, además el tipo de prueba que aplicarás es de acuerdo al tipo de puesto que se encuentre vacante, puesto que no todas las pruebas te sirven para todos los puestos.

Ahora que ya sabes cómo se lleva a cabo el proceso de reclutamiento y selección de personal, es importante que lo hagas de manera correcta, la mayoría de las consideradas malas contrataciones en la empresa tienen que ver con inadecuado reclutamiento, es el origen de tener personal incompetente o al menos sin el perfil adecuado para cubrir la vacante.

Tal vez te lleve un poco más de tiempo hacerlo de manera correcta, pero definitivamente es lo más conveniente, pues podrás crear con esto un equipo competitivo y generar valor a la empresa, por ello debe ser un pilar importante dentro de cualquier estrategia empresarial.

Debes saber que este proceso hecho con prisas suele no funcionar de manera correcta. Todo proceso de selección requiere del tiempo necesario para encontrar al candidato más adecuado. Intenta por esta razón ir realizando la planeación de recursos humanos de tu empresa con tiempo. Sabiendo cuándo son los momentos en los que requerirán más personal, y cuando requerirán menos.

Cabe mencionar que este tema le aplica de igual forma a empresas con fines de lucro que sin fines de lucro, toda aquella organización que desea integrar personal a su proyecto siempre quiere que sea el personal lo mayormente capacitado posible.

Ahora que ya lo sabes, manos a la obra, cuando te toque estar en el departamento de recursos humanos de alguna empresa y contribuye con ellos llevando al personal que puede hacer que la organización sea más eficiente que antes.

TURISMO... MÉXICO Y SUS RIQUEZAS CULTURALES Y NATURALES

¿Qué es el turismo?

Algunos autores lo definen "Como un fenómeno social donde los individuos se trasladan de su lugar de origen a otro con la finalidad de descansar, conocer hábitos, costumbres y lo más importante la recreación"

Se ha dado tanta importancia al turismo que según la OMT (Organización Mundial del Turismo) México ha llegado a ser el número sexto en la recepción de turistas 2019, más visitados a nivel internacional, generando una entrada de divisas importante, es por ello que además del turismo de sol y playa que se venía practicando y generando en cierta época termina su importancia porque cada vez hay un turismo más exigente gracias al Internet y redes sociales donde México está a la vanguardia de muchos países para ofrecer sus riquezas naturales y culturales, sin embargo ahora se han sumado los diferentes turismos: Turismo alternativo, ecoturismo, agroturismo, turismo de aventura y una propuesta importante los pueblos mágicos a lo ancho y largo de la República Mexicana.

Cuando se habla de Turismo Alternativo o de los diferentes turismo relacionados con la interacción con la naturaleza se enfrenta a los retos del respeto y cultura por la preservación del medio ambiente… retos para las generaciones futuras, sin embargo es un tema importante donde cada individuo debe admirar la flora y fauna de los lugares endémicos de este gran país , la propuesta y desarrollo de los pueblos mágicos donde muchos han surgido por la arquitectura, gastronomía, bebidas y porque ¿no? el ambiente que lo puede dar una jarana, un baile típico, una bebida extraída del maguey, sus usos y costumbres que son respetados por cada visitante o turista que se llega al lugar debe conocer e interactuar , el espacio visitado, nuestra actividad económica se ha debilitado y no se ha conformado solo con ofrecer un buen hotel o un buen transporte la mira ha sido en lo nuestro (cultura y tradición).

México un país rodeado por océanos, mares, bahías y golfos, lleno de llanuras, cordilleras y mesetas, quien no debe pensar en lo que se puede ofrecer al turismo doméstico e internacional un sin fin de oportunidades para hacer, kayak, buceo, caminatas, rappel, escaladas, etc. Y mejor aún una vasta y extensa gastronomía.

La gastronomía mexicana la cual se ha reconocido como patrimonio cultural de la humanidad se han destacados los productos y bebidas donde podemos citar algunas con denominación de origen por ejemplo la Charanda bebida alcohólica regional mexicana del estado de Michoacán, el Tequila bebida obtenida del destilado del estado de Jalisco, el Café de Veracruz con cuerpo y aroma intenso, Café orgánico de Chiapas, chile habanero fruto fresco de la Península de Yucatán, el mango ataulfo del soconusco de Chiapas por mencionar algunos… Los diferentes turistas que han llegado a los lugares antes mencionados para degustar dichas bebidas o frutos por su calidad, sabor y promoción que se ha hecho de los mismos, regresan a sus lugares de origen con una excelente experiencia y orgullo de ser mexicanos.

En los últimos tiempos se ha dado una mayor importancia y realce a lo elaborado a mano a lo artesanal es por ello que se menciona algunas artesanías emblemáticas de cada región, como el barro negro en sus diferentes hechuras y formas de Oaxaca, los bordados del mismo Estado, la platería del estado de Zacatecas donde elaboran artículos de plata, orfebrería, cobre, hierro y oro, los bordados el trabajo en chaquira en diferentes formas como puede ser de los estados de Nayarit o Yucatán, mencionar cada estado con sus riquezas y obras artesanales es una parte esencial de nuestra cultura entregada al mundo.

Para continuar dentro del patrimonio de México es estar de pie ante las diferentes culturas que estuvieron asentadas en la región, donde hasta nuestros días se preservan los edificios de Teotihuacán en el Estado de México, Tajín y Cempoala en el estado de Veracruz, Chichen Itza en el estado de Yucatán, los Atlantes de Tula en estado de Hidalgo, El Tepozteco en el estado Morelos, Monte Albán y Mitla en el estado de Oaxaca, Bonampak en el estado de Chiapas y Comalcalco en el estado de Tabasco, Tulum en el estado de Quintana Roo y Templo Mayor en Ciudad de México por mencionar algunos.

Para finalizar atractivo natural e inigualable e impactante donde la naturaleza ha hecho un buen trabajo son los Cenotes en el sureste mexicanos se mencionan algunos en forma particular por su majestuosidad : Cenote Azul a 20 km de Bacalar, Quintana Roo, Cenote Zaci en Valladolid, Dzonbacal en la carretera de los cenotes, Dzitnup poblado con el mismo nombre en el estado de Yucatán, Cenote del Jaguar y Miramar en el estado de Chiapas cabe mencionar que hay tantos cenotes en hectáreas de particulares que acondicionan con luz los mismos para que los visitantes y turistas se introduzcan y observen las maravillas que construyó la madre naturaleza.

Para concluir se puede escribir, describir y relatar todo lo maravilloso, hermoso y sobre todo la riqueza humana que caracteriza el Territorio Mexicano, desde el norte hasta el sur y de oriente a poniente, sin embargo cuando se ha tenido la oportunidad de conocer otros países, se escuchara muy trillado " Como México no hay dos".

LIDERAZGO DISRUPTIVO

Liderazgo y disrupción

El liderazgo es un tema de mucha importancia en el mundo actual, sobre todo en el ejercicio de los negocios, esto debido, entre otros factores, a la globalización de los mercados y a la fuerte lucha entre organizaciones y empresas por ser cada vez más competitivas y lograr mayores beneficios económicos.

A lo largo del tiempo el concepto de liderazgo ha sido acuñado de muchas maneras y su aplicación ha sido universal. Si partimos que liderazgo es el arte de motivar, comandar y conducir a personas, debemos considerar que, en los tiempos actuales, con las nuevas formas de administrar y las exigencias impuestas por la globalización, la aplicación de las nuevas tecnologías y la constante innovación empresarial se requiere también una nueva manera de dirigir, es ahí en donde es aplicable el concepto de disrupción enfocado al liderazgo.

Pero que debemos entender por disrupción; la palabra disruptiva es de origen francés "disruptif" y del inglés "disruptive" que significa; rompimiento de una manera fuerte, brusca o violenta. Por tal motivo ante la acelerada tendencia hacia los cambios tecnológicos, las nuevas formas de hacer negocios y los altos requerimientos que tiene las empresas para mantenerse en los mercados tan competidos se hace necesario que los líderes tengan la habilidad de ver de diferentes perspectivas los nuevos retos que esto les exige y apliquen un liderazgo disruptivo.

Por lo anterior, hoy en día es necesario que todo Ingeniero en Gestión Empresarial desarrolle sus capacidades de liderazgo al máximo, pero aderezado con una gran dosis de creatividad e innovación al enfrentar su gran responsabilidad de solucionador de problemas y como tomador de decisiones que le permita posicionarse a él y a su equipo de trabajo como un equipo de alto rendimiento.

Las empresas se enfrentan a futuros inciertos en cuanto a negociaciones por la competencia tan agresiva y el capital humano con diversidad cultural tan fuerte que marcan muchas veces el logro de los objetivos, es por ello que ejercer y desarrollar liderazgos disruptivos se vuelve cada día más necesario.

El líder disruptivo es aquella persona que siempre está buscando mejores resultados y nuevos procesos en beneficio de la empresa en general, sin tener miedo a transgredir lo ya establecido para obtener los resultados necesarios.

Se puede decir que ejercer liderazgo disruptivo requiere tener, dentro de otras, las siguientes características:

Valor. - Para asumir riesgos y responsabilidades ante la propuesta de nuevas formas de hacer las cosas y enfrentar las probables críticas y/o cuestionamientos ante la forma tradicional de operar.

Rapidez. - En la observación y análisis de las circunstancias que le permitan proponer y desarrollar modificaciones en los procesos e implementación de mejoras para beneficio de la empresa y que le brinde credibilidad y confianza.

Naturalidad. – Demostrar autoconfianza, automotivación, seguridad en sí mismo y sobre todo el ejercicio de la empatía.

Mente abierta. - Que le permite ver oportunidades donde otros ven problemas y le permita hacer propuestas innovadoras.

Gestión de la Incertidumbre. – Mantener la calma en tiempo de crisis logrando transmitir confianza, tranquilidad con muy buena y abierta comunicación con su equipo de trabajo.

Por otra parte, la importancia de que se ejerza un liderazgo disruptivo dentro de una empresa obedece en la gran mayoría de las ocasiones que existen elementos externos que les hacen perder estabilidad que pone en riesgo su supervivencia dentro de su campo de acción, es por ello que contar con un líder que con su capacidad para la adaptación y adopción de propuestas o soluciones innovadoras pueden ser la gran solución.

En otro orden de ideas podemos destacar que un liderazgo tradicional está comprometido a desarrollar equipos creativos de trabajo, pero un líder con características disruptivas está obligado a desarrollar este tipo de equipos en donde no solo ponga en práctica sus habilidades, sino que promueva y motive en sus colaboradores la práctica y desempeño de lo irreverente ante lo tradicional.

No podríamos hablar de equipos innovadores si antes no aplican creatividad en su accionar, se considera que lo ideal sería poder desarrollar equipos creativos e innovadores, pero con liderazgo disruptivo que se atrevan a proponer cambios atrevidos pero seguros que garanticen cambios positivos para la empresa.

Concluyendo podemos destacar que ante lo agitado de los mercados se tiene la imperiosa necesidad de desarrollar líderes disruptivos con características particulares pero naturales que puedan dirigir equipos de trabajo de alto rendimiento que hagan frente a las necesidades actuales de desarrollo y competencia.

Es importante que estos líderes demuestren su capacidad para visualizar el futuro con mente abierta ya que los mercados están siempre cambiando y expuestos a nuevos retos y necesidades por su continua evolución y gestionen eficientemente la incertidumbre.

Valorar el trabajo en equipo reconociendo las capacidades de sus colaboradores imprimiendo siempre confianza, motivación y empatía para con ellos.

Estar siempre dispuestos a los grandes retos con integridad, compromiso y alto sentido de responsabilidad.

Hacer las cosas de una manera diferente o romper paradigmas muchas veces suena desafiante, pero puede ser la forma de encontrar nuevos caminos hacia el éxito. El pensamiento crítico siempre debe estar presente en un líder con características disruptivas ya que esto lo llevaría al campo de lo reflexivo y analítico permitiéndole ver nuevas formas de hacer las cosas.

Si bien es cierto que en muchas organizaciones no es bien vista la actitud muchas veces irreverente y hasta desafiante de este tipo de líderes siempre es bueno darse la oportunidad de hacer y dejar hacer cosas que por muy disparatadas puedan parecer se pueden lograr cosas inimaginables.

VERACRUZ PUERTO INTELIGENTE A 30 AÑOS DE SU PRIVATIZACIÓN

El 31 de mayo de 1991, el gobierno Salinista acordó la requisa de los muelles de Veracruz y la privatización de las maniobras portuarias, se planteaba que el puerto de Veracruz no podía seguir operando y siendo la última opción para importadores y exportadores. El proyecto portuario buscaba alcanzar la superación de los vicios que se habían generado en el manejo de las mercancías que tenían como destino de embarque y desembarque la zona marítima y la eficiencia de las operaciones que se realizaban en el interior del recinto   fiscal. Por lo que, en este periodo de transición y modernización los servicios portuarios en el puerto de Veracruz, son concesionados a tres compañías (Corporación Integral de Comercio Exterior, Operadora Portuaria del Golfo y Compañía Terminal de Veracruz) dando origen a las empresas maniobrista pionera en el sistema portuario nacional.

Tres fueron los mecanismos que caracterizaron la nueva política portuaria:

1. La creación de las zonas francas. - área geográfica delimitada dentro del territorio nacional, en donde se desarrollan actividades industriales de bienes y de servicios o actividades comerciales, bajo una normativa especial en materia tributaria, aduanera y de comercio exterior. 1 Esta nueva estructura asumió la responsabilidad de vigilar el cumplimiento de las leyes fiscales.

2. La no monopolización de las maniobras ejercidas en el interior de los muelles. - los puertos requiere de reglas claras, justas y equitativas

3. La creación de empresas, actuando el gobierno como un organismo regulador.

Con tales medidas se pretendía enfrentar el problema de la deficiente operación del sistema portuario nacional y se buscaba convertirlo en instrumento útil para el Comercio Exterior, en poco tiempo se empezaría a notar un cambio radical en el Puerto de Veracruz, al mejorar sustancialmente la seguridad al interior del recinto portuario y contar con un eficiente manejo de las operaciones.

Luego de los procesos de maduración organizacional de los nuevos Operadores Portuarios; nacen los contratos de cesión parcial de derechos por extensiones territoriales destinadas al equipamiento e inversión en Instalaciones Portuarias; que operan como recintos fiscalizados, se crean nuevas divisiones de negocio, encargadas de diseñar propuestas a la medida de las necesidades de los importadores y exportadores, se ofrecen soluciones operativas y servicios de integración de transporte intermodal para el manejo integral de todo tipo de carga y desarrollo tecnológico para proyectos especiales dentro y fuera del puerto; el proceso de reestructuración y privatización portuaria, conduce a un reacomodo de las líneas regulares y rutas marítimas.

Cabe mencionar que Veracruz está considerado como uno de los nudos vitales del sistema portuario nacional por su ubicación geográfica y área de influencia que atiende a más del 60% de las industrias localizadas en el centro de la República, así como por las vías de comunicación que lo enlazan con los principales centros de producción y consumo. Veracruz es la puerta de entrada y salida a las importaciones y exportaciones hacia Europa, el Sur de los Estados Unidos y Sudamérica

Por lo que la privatización de las terminales portuarias de contenedores y de usos múltiples en el puerto consolida la tendencia hacia la concentración de carga, pero también incide en las decisiones de los operadores de líneas regulares; las terminales de contenedores y usos múltiples privatizadas han conseguido no sólo las mayores tasas de crecimiento de la carga, sino la atracción de un mayor número de navieras de servicios regulares, así como la inversión constante para el flujo de información tecnificado como son los siguientes :

- Creación de procesos en "puerto sin papel"

- Medición de resultados en base a indicadores

- Implementación de procesos de planeación y seguimiento en línea de operaciones y servicios

- Implementación del intercambio de información en sistemas EDI

En cuanto a la comercialización de los servicios portuarios se menciona los siguientes:

- Establecimiento de condiciones comerciales con base a necesidades de clientes y usuarios

- Creación de servicios alternativos y ampliados a las necesidades de las cadenas de suministro

- Desarrollo de una simplificación tarifaria de servicios

- Establecimiento de esquemas comerciales en base a rendimientos y resultados operativos

«El que paga … manda»

Automatización total "Requiere disponer de espacios amplios para realizar las tareas de logística portuaria".

A 30 años de la privatización la comunidad portuaria de Veracruz, se sumó a la iniciativa de explorar y aplicar nuevas tecnologías, con una visión multidisciplinaria, que facilite la planeación y operación de las maniobras portuarias, haciendo más eficientes las cadenas logísticas de las mercancías de Comercio Exterior, motivando así la digitalización del puerto con el objetivo de que los importadores, exportadores cuenten con conectividad, y eficiencia en sus procesos operativos, administrativos y logísticos, esta nueva era de la transformación digital al ser un puerto inteligente lleva a un entorno mucho más colaborativo; la tecnología permite trazabilidad y rastreo a lo largo de las actividades de las operaciones, almacenamiento, traslado y entrega de las cargas, ya que en un solo lugar se registran todos los eventos y transacciones y son visibles y en tiempo real para todos los eslabones de la cadena logística, lo que se traduce a eficiencia y, principalmente, en un incremento en el nivel del servicio que percibirá el cliente. Cabe mencionar que las ventajas de la automatización dan como resultado que el esquema logístico operativo cuente con seguridad, exactitud en los cruces, reducción en costos laborales, mayor rentabilidad comercial, visibilidad y transparencia.

Por lo que la innovación y la tecnología son fuerzas impulsoras de la productividad portuaria y de los servicios en general.

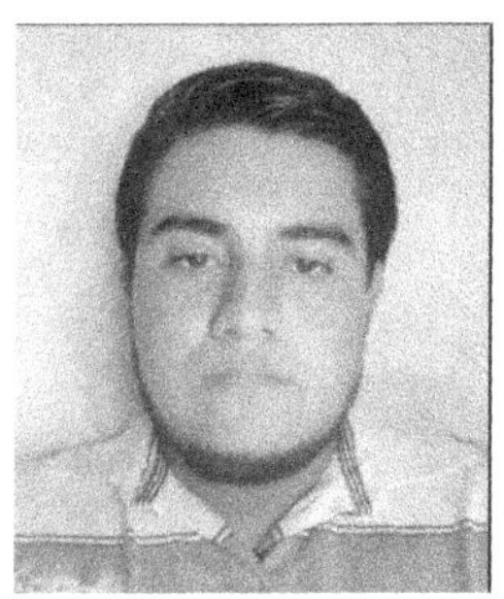

Fidel Rodríguez Eslava
"El éxito comienza en la Administración del tiempo"

Estudiante del octavo semestre de la Licenciatura en Administración con especialidad en finanzas del   Instituto Tecnológico de Boca del Rio. Edad 22 años, originario de Veracruz. Egresado del Centro de Bachillerato Tecnológico Agropecuario donde recibió el título de técnico en administración para el emprendimiento agropecuario. Tiene un certificado de manejo del programa office y varios diplomas por altas calificaciones académicas.

Luz Elena Barrientos
"La inteligencia emocional en el liderazgo actual"

Licenciada en Administración, candidata al grado de Maestro en Habilidades Directivas. Ha sido catedrática, jefa del departamento de recursos humanos, departamento de planeación, programación y presupuestación y subdirectora de planeación y vinculación del Instituto Tecnológico de la Chontalpa. Coordinadora del Sistema de Gestión de la Calidad. Actualmente se desempeña como catedrática, coordinadora de tutorías de la carrera de administración del departamento de ciencias económico-administrativas en el Instituto Tecnológico de Boca del Río.

Nelly Potenciano Pérez
Con asesoría del Dr. Cesar A. Severino Parra
"El liderazgo. Y tú. ¿eres jefe o líder?"

Estudiante del octavo semestre de Ingeniería en Gestión Empresarial del Instituto Tecnológico de Boca del Río, edad 21 años, emprendió su primer negocio La Tribu. Ver., el cual ha sido base para entender la importancia de ser un buen líder y el trabajo en equipo, cree en los sueños que tienen como parte de un plan de acción y desea dejar un impacto positivo en la vida de los demás.

Ayary Yutzyll Cortés Córdova
Con asesoría del Dr. Cesar A. Severino Parra
"¿Un líder nace o se hace?"

Estudiante de octavo semestre de la Licenciatura en Administración con especialidad en Mercadotecnia de Alta Dirección del Instituto tecnológico de Boca del Rio. Edad 22 años, algunos de sus logros: Vicepresidente Educativo en Toastmaster International, Directora Electa del Área F1, gestión 2021-2022-Toastmaster international. Tiene Cursos de Productividad, Word, PowerPoint, aplicaciones de Google, Google drive y classroom, Participante del REYES 2020 Summer program-Old Dominion University, Curso de habilidades y competencias clave para el mundo profesional- Santander, Curso de Habilidades y competencias clave para el mundo laboral- Santander, Diplomado en educación financiera- CONDUSEF.

Alondra Reyes Herrera
"La ética y la responsabilidad social empresarial"

Estudiante del 8vo semestre de la Licenciatura en Administración con especialidad en Finanzas Empresariales del Instituto Tecnológico de Boca del Río, también estudia en la Universidad Veracruzana SEA la Licenciatura en Derecho. Edad 21 años.

Zandra Elizabeth Franco Cruz
"Ética y responsabilidad social"
"Análisis FODA"

Licenciada en Administración de Empresas con especialidad en finanzas, candidata al grado de Maestría en Educación, Catedrática del Instituto Tecnológico de Boca del Río, Actualmente Presidenta de la Academia de IGE del ITBoca, profesora del programa de Tutorías Institucional y del programa de capacitación del programa de Competencia TecNM. Ha participado en Congresos Internacionales como AFIDE y CIFCA y ha realizado trabajos de investigación académica, Coordinadora de la Acreditación de las carreras de Licenciatura en Administración y de la Ingeniería en Gestión Empresarial.

César Augusto Severino Parra
"La calidad es para todos"

Licenciado en Administración de Empresas Turísticas, con Maestría en Gestión de Calidad y Doctorado en Administración y Desarrollo Empresarial. Es Catedrático del Instituto Tecnológico de Boca del Río. Adscrito al Tecnológico Nacional de México. Pertenece al área Económico Administrativo como jefe de Investigación. Ha participado en Congresos Internacionales como AFIDE y CIFCA, ha realizado trabajos de investigación académica. Autor del libro "Échale Calidad a la Vida" con ISBN 9798737147037. Cuenta con el reconocimiento nacional de profesor con Perfil Deseable desde el año 2020.

María de Jesús Cecilia Ramon Vila
"Mercadotecnia de servicios"

Licenciada en Ciencias y Técnicas de la Comunicación, Maestría en Comunicación Organizacional, Maestría en Ingeniería Administrativa, es Catedrática del Instituto Tecnológico de Boca del Río. Dependiente del Tecnológico Nacional de México. Presidenta de la Academia de la Licenciatura en Administración. Ha participado en reuniones a nivel nacional para la reapertura de la Licenciatura en Administración en el 2010. Y para la actualización y adecuación de Programas de Estudio enfocados en la enseñanza en competencias. Tiene una participación en AFIDE, como coautora de un artículo enfocado en las bondades del canal de Panamá, coautora en el Congreso Internacional de Cuerpos Académicos y Grupos de Investigación, con una ponencia y en la parte logística del evento. Jurado en el Proyecto Innovador Shark Tecnm 2020, organizado por el Instituto Tecnológico de Veracruz.

Kelly Villagran Carvajal
"Marketing"

Estudiante del octavo semestre de la carrera de la Lic. En Administración con especialidad en Mercadotecnia de Alta Dirección del Instituto Tecnológico de Boca del Río. Edad 23 años, hace un año esta emprendiendo un proyecto de negocio.

Abigail Mejía Espinoza
con asesoría de Mtra. Zandra Elizabeth Franco Cruz
"Estrategias implementadas para la seguridad del personal durante la pandemia"

Estudiante de sexto semestre de la carrera de Ingeniería en Gestión Empresarial del Instituto Tecnológico de Boca del Río, tiene una carrera técnica en el área de la salud, por tal motivo me le gusta brindar ayuda humanitaria.

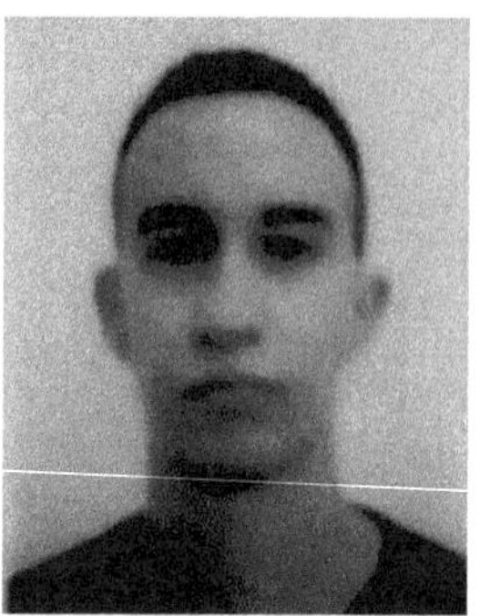

Manuel Vivanco Corona
"La importancia de la higiene y seguridad en un mundo globalizado"

Estudiante que actualmente cursa el sexto semestre de la carrera de Ingeniería en Gestión empresarial del Instituto Tecnológico de Boca del Río. Es Técnico en programación egresado del CBTis 79.

Verónica Uscanga Hernández
"La dirección parte esencial de una empresa"

Licenciada en Administración con Especialidad en Finanzas. Catedrática del Instituto Tecnológico de Boca del Río, Secretaria de la Academia de Administración, Coordinadora de la Acreditación de las carreras de la Licenciatura en Administración y de Ingeniería en Gestión Empresarial, tiene participación en eventos académicos como ciencias básicas, semana económico-administrativa y en Congresos Internacionales como AFIDE Y CIFCA, ha participado en la realización de trabajos de investigación académica.

Yadira Salazar Vargas
"Salud y seguridad ocupacional somos nosotros"

Estudiante que cursa el sexto semestre de la carrera de Ingeniería en Gestión Empresarial del Instituto Tecnológico de Boca del Rio.

Ángel Rene Zamudio Prieto

"El flujo de efectivo como instrumento de trabajo del administrador financiero"
Licenciado en Contaduría titulado con mención Honorífica, Maestro en Administración. Ha sido Jefe de Recursos Humanos de la Secretaría de representante del programa hábitat ante la SEDESOL en el Ayuntamiento de Veracruz; Catedrático, Jefe del Departamento de Recursos Financieros y Jefe del Departamento de Recursos Humanos del Instituto Tecnológico de la Veracruz; Subdirector de Servicios Administrativos del Instituto Tecnológico de Boca del Río. Actualmente es Catedrático del Instituto Tecnológico de Boca del Río.

Arnold Alberto Zapata
"Proyecciones económicas para el año 2021"

Estudiante del Instituto Tecnológico de Boca del Rio, con una gran pasión por el ajedrez, la política, economía e ingeniería. Actualmente curso la Licenciatura en Ingeniería en Gestión Empresarial, en la cual he adquirido muchos conocimientos que me han llevado a compartir mi opinión sobre las proyecciones económicas que se esperan en el año presente.

Evelyn Salgado Morales
"Formulación y Evaluación de Proyectos"

Licenciada en Administración con especialidad en Organizaciones Marinas, con Maestría en Políticas Públicas y Doctorado en Administración y Desarrollo Empresarial profesora adscrita al Departamento Económico-Administrativas del Instituto Tecnológico de Boca del Río. Participación en Congresos Internacionales como AFIDE y CIFCA, trabajos de investigación académica, comisionada como Jefa de Vinculación del Departamento Económico Administrativas, Secretaria de Academia de la Carrera de Ingeniería en Gestión Empresarial. Ha apoyado en la Acreditación de las carreras de Administración y de Ingeniería en Gestión Empresarial.

Saúl Benjamín Andrade Hernández
"Recuperar la creatividad con el juego"

Maestro en Publicidad, Egresado de la carrera de Ciencias y Técnicas de la Comunicación de la UV, y de la Maestría en Publicidad del Centro Avanzado de Comunicaciones Eulalio Ferrer. Trabaja desde hace más de 20 años como catedrático en el Instituto Tecnológico de Boca del Río en el área Económico-Administrativas y en la universidad privada, el Centro Universitario Hispano Mexicano en la carrera de Comunicación y Publicidad. Desde sus estudios universitarios ha incursionado en la edición de video no lineal y el retoque fotográfico, así como el diseño gráfico siendo en conjunto con su gusto por el cine y la publicidad, su campo de acción profesional. Actualmente investiga temas de Gamificación y Design Thinking para el rescate del pensamiento creativo en el aula.

Dalia Sofía Gamboa Ortiz
"Oferta y demanda"

Estudiante que actualmente cursa el sexto semestre de la carrera de Ingeniería en Gestión Empresarial del Instituto Tecnológico de Boca del Río, Veracruz. Escritora conjunta en el tema "Oferta y Demanda". Deportista, miembro del equipo de natación, representante del Tecnológico de Boca del Río en el nacional 2019.

Jearim Fabre Pulido
"Oferta y demanda"

Estudiante que actualmente cursa el sexto semestre de la carrera de Ingeniería en Gestión Empresarial del Instituto Tecnológico de Boca del Río. Escritora conjunta en el tema "Oferta y Demanda". Nacida en Córdoba, Veracruz. Aprendiz de la escritura, interesada en los sistemas de gestión y administración. Analiza sus experiencias e intenta aprender lecciones de ellas.

Isidra Irene Larrañaga Jauregui
"La importancia del reclutamiento y selección de personal"

Es profesora de las áreas de Ingeniería en Acuicultura, Ingeniería Civil, Ingeniería Mecánica, Ingeniería en Industrias Alimentarias e Ingeniería Naval del Instituto Tecnológico Nacional de México campus Boca del Río. Es Ingeniero Químico egresado de la Universidad Veracruzana. Miembro Activo de "La Red Iberoamericana de Academias de Investigación, A.C.". Ha participado en diversos eventos como Jurado Interno en la disciplina de QUÍMICA del XXV Evento Nacional Estudiantil de Ciencias (ENEC). Asesor para la disciplina de Química para el XXIII Evento Nacional de Ciencias Básicas 2016. Etapa Local y Regional. Vocal del comité de Gestión Ambiental. Ha sido jefa de diferentes departamentos académicos-administrativos del Instituto Tecnológico de Boca del Río. Ha participado en la publicación del libro "Administración y Turismo".

**Guadalupe Sandra González Segoviano,
"Turismo… México y sus riquezas culturales y naturales"**

Licenciada en Turismo Escuela Superior de Turismo I.P.N, Maestría en Educación Universidad Jean Piaget, Diplomado en Competencias, Técnico en Maquinas Herramientas Vocacional No 7 I.P.N, Técnico en Micro Computadoras egresada del Centro de Computación del Golfo, Catedrática del Tecnológico Nacional de México Campus Tecnológico de Boca del Rio.

**Marcelino Maldonado Beltrán
"Liderazgo Disruptivo"**

Docente del Tecnológico Nacional de México, Instituto Tecnológico de Boca del Río, asignado al Departamento Académico de Ciencias Económico-Administrativas en la carrera de Ingeniería en Gestión Empresarial, Licenciado en Administración de Empresas de formación con Maestría en Ingeniería en Logística y con 32 años de experiencia laboral en la iniciativa privada y pública desempeñando diversos puestos directivos. Originario de Veracruz, Ver.

Alba Mercado Herrera
"Veracruz Puerto inteligente a 30 años de su privatización

Licenciada en Administración de Empresas Marítimas con Maestría en Ingeniería en Logística. Gerente Comercial del Grupo CICE de 1995 al año 2014. Coordinadora General del Primer Congreso Internacional CIFCA del Instituto Tecnológico de Boca del Río, de donde es catedrática y actualmente Subdirectora Académica. Profesional acostumbrada al trabajo orientado al alcance de objetivos y metas institucionales, basada en resultados; coordinando equipos de trabajo para el cumplimiento de los mismos. Profesional con capacidad de adaptación, autoaprendizaje e interpretación.

Jorge Samuel Berdón Carrasco
"Oferta y Demanda"

Licenciado en economía y Especialidad en Administración del Comercio Exterior, de la Universidad Veracruzana con Maestría en Finanzas del Instituto de Especialización para Ejecutivos, y Doctor en Gobierno y Administración Pública de la Escuela Libre de Ciencias Políticas y Administración Pública de Oriente. Tiene Diplomados en Mercadotecnia, Investigación y Docencia, además cuenta con el curso de Formación de Instructores. Autor del libro "Principios Básicos de Microeconomía y Macroeconomía".